Ferner Nachbar Gott
Eberhard Martin Pausch

FERNER NACHBAR GOTT

Liberale Zugänge zum Gebet

Gewidmet der Evangelischen Cyriakusgemeinde in
Frankfurt-Rödelheim, der Evangelischen Kreuzgemeinde in
Frankfurt-Preungesheim sowie der
Evangelisch-lutherischen Auferstehungsgemeinde in
Hannover-Döhren.

EVANGELISCHE VERLAGSANSTALT
Leipzig

Eberhard Martin Pausch, Dr. theol., Jahrgang 1961, wurde 1993 im Fach Systematische Theologie promoviert. Von 1992 bis 2000 war er Gemeindepfarrer in Frankfurt am Main, von 2000 bis 2012 Oberkirchenrat im Kirchenamt der EKD in Hannover und von 2012 bis 2016 Reformationsbeauftragter der EKHN in Darmstadt. Seit 2017 arbeitet er als Studienleiter für Religion und Politik in der Evangelischen Akademie Frankfurt. Pausch ist Alumnus der Hessischen Lutherstiftung und des Evangelischen Studienwerkes (Villigst e.V.) und gehört u. a. dem Bund für Freies Christentum an. Er ist Autor zahlreicher Veröffentlichungen.

Bibliographische Information der Deutschen Nationalbibliothek:
Die Deutsche Nationalbibliothek verzeichnet diese Publikation in der
Deutschen Nationalbibliographie; detaillierte bibliographische Daten
sind im Internet über http://dnb.dnb.de abrufbar.

© 2024 by Evangelische Verlagsanstalt GmbH · Leipzig
Printed in Germany

Das Werk einschließlich aller seiner Teile ist urheberrechtlich geschützt. Jede Verwertung außerhalb der Grenzen des Urheberrechtsgesetzes ist ohne Zustimmung des Verlags unzulässig und strafbar. Das gilt insbesondere für Vervielfältigungen, Übersetzungen, Mikroverfilmungen und die Einspeicherung und Verarbeitung in elektronischen Systemen.

Das Buch wurde auf alterungsbeständigem Papier gedruckt.

Gesamtgestaltung: Mario Moths, Marl
Druck und Binden: BELTZ Grafische Betriebe GmbH, Bad Langensalza

ISBN 978-3-374-07575-1
eISBN (PDF) 978-3-374-07576-8
www.eva-leipzig.de

Geleitwort

Dr. Eberhard Pausch, Studienleiter an der Ev. Akademie Frankfurt a.M., hat mit dem vorliegenden Buch eine kleine Theologie des Gebetes vorgelegt, über deren Erscheinen ich mich sehr freue – und auf die ich offen gestanden auch ein wenig stolz bin: Der Text ist parallel zu einem dreimonatigen Sabbatical entstanden, das der Verfasser im Sommersemester 2023 an der Goethe-Universität zugebracht hat. Ich kenne und schätze Eberhard Pausch seit vielen Jahren und habe daher keinen Augenblick gezögert, seiner Bitte zu entsprechen, die frei verfügbare Studienzeit für die Teilnahme an einer meiner Lehrveranstaltungen zu nutzen. Mehr noch: Als ich ihn im Gegenzug fragte, ob er Lust hätte, im Rahmen des fraglichen Seminars zum Thema »Sprechen von, über – und zu Gott. Zu Eigenart, Funktion/en und Rationalität des Gebetes aus philosophisch-theologischer Perspektive« selber Lehrverantwortung zu übernehmen, hat er spontan zugesagt und in der Folge eine ganze Reihe von Sitzungen eigenständig geplant und mit großem Erfolg bei den beteiligten Studierenden durchgeführt. Dafür möchte ich ihm an dieser Stelle noch einmal herzlich danken!

Es ist für mich höchst aufschlussreich – und im Übrigen entspricht es wohl auch der Wesensart des Verfassers –, dass der vorliegende Text zwar eine Reihe von Themen anspricht und diskutiert, die wir seinerzeit auch zusammen im Seminar behandelt haben, dass das Ganze aber in der literarischen Verarbeitung ein einheitliches und durchaus eigenständiges theologisches Profil erhalten hat, das so in der Lehrveranstaltung noch nicht sichtbar war. Dazu gehört nach meiner Wahrnehmung vor allem dreierlei. Erstens das nach eigenem Bekunden des Verfassers deutlich liberale Gepräge seiner Gebetstheologie, die sich als solche dem Geist der Kantischen Aufklärung verpflichtet sieht. Freilich genügt es Pausch zufolge nicht, Religion nach Kantischem Muster »auf Moral zu beschränken und zu verengen«; denn »Gott ist ... mehr als ein Gesetzgeber – er ist ein Gott der schöpferischen Liebe«. Freilich, und darin liegt Pauschs zweite theologische Grundentscheidung, ist Gott als Adressat des Gebetes trotz und in seiner liebenden Nähe »schwer zu fassen« (so die Anspielung auf ein berühmtes Wort Hölderlins). Er ist und bleibt ein, wie der Titel des Buches treffend formuliert, ›ferner Nachbar‹; von daher scheint die theologisch konsequente Unterscheidung von Mensch und Gott bei aller möglichen Nähe »und also eine relationale Deutung des Betens und des Gebetes notwendig zu sein«. Beide Grundmomente, das liberal- wie das relationstheologische, verbinden sich drittens mit einem erfahrungstheologischen Ansatz, der von der Überzeugung lebt, dass wir »unsere Theologie(n) ... . auf der Grundlage unserer Lebenserfahrungen – auch unserer Gebetserfahrungen – entwerfen« sollten anstatt von »dogmatischen Setzungen und Konstruktionen aus[zu]gehen«. Hierbei setzen Pauschs Überlegungen nach Form und Gehalt dasjenige selber um, was sie im Ansatz für verbindlich erklärt haben: Das Buch beginnt und endet mit persönlichen Reflexionen, die das Gebetsthema auf authentische Weise mit der eigenen Biografie verknüpfen. Mein Fazit: Eberhard Pausch hat mit der vorliegenden Gebetstheologie ein auf der intellektuellen wie der persönlichen Ebene gleichermaßen anregendes und inspirierendes Buch geschrieben, dem ich viele Leserinnen und Leser wünsche!

Heiko Schulz
Wuppertal, im August 2023

Vorwort

»Nah ist / und schwer zu fassen der Gott.«
(*Friedrich Hölderlin*, Patmos)

»Every day I pray / I'll be on my way ...«
(*Roy Orbison*, California Blue)

Zu den Erinnerungen an meine frühe Kindheit gehören Gebete, die meine Großmutter und meine Urgroßmutter mit mir sprachen. Sie beruhigten mich und halfen mir beim Einschlafen und in vielen Phasen meines Lebens. Als ich Pfarrer wurde, sprach ich öffentliche Gebete, meistens im Zusammenhang mit Gottesdiensten. Beten kann etwas sehr Intimes sein – Beten hat aber auch Öffentlichkeitscharakter. Öffentliche Gebete sind eine, aber auch nur eine Form von »öffentlicher Theologie« (ich spreche sonst lieber von »Theologie in öffentlicher Verantwortung«, auch wenn das etwas länger und umständlicher ist). So war es in der Geschichte der christlichen Kirche von Anfang an: Gebete waren den Glaubenden wichtig, sie geschahen im privaten oder im öffentlichen Raum, und wenn Letzteres der Fall war, dann waren sie ein Teil der öffentlichen »Kommunikation des Evangeliums«.

Der Theologe Tertullian (ca. 150–220 nach Christus) berichtet über die Gebetspraxis der Christenmenschen seiner Zeit: »Zusammen kommen wir zu gemeinsamem Beisammensein, um Gott gleichsam in geschlossenem Trupp im Gebet mit Bitten zu bestürmen. Solch eine Gewaltsamkeit ist Gott willkommen. Wir beten auch für die Kaiser, für ihre Beamten und die Mächtigen, für den

Bestand der Welt, für allgemeine Ruhe, für Aufschub des Endes.«[1]

Wenn man im Jahr 2023 diese Zeilen liest und in dem Zitat das Wort »Kaiser« durch »Kanzler« ersetzt, so könnte eine solche Aussage auch von gläubigen Mitgliedern von »Fridays for Future«, »Extinction Rebellion« oder »Die Letzte Generation« stammen. Denn »Bestand der Welt« und »Aufschub des Endes« sind zentrale Anliegen dieser engagierten Apokalyptiker des 21. Jahrhunderts. (»Allgemeine Ruhe« dagegen wohl weniger, wenn wir Greta Thunbergs Satz beim Wort nehmen: »Ich will, dass ihr in Panik geratet«.) Sicher ist: Christinnen und Christen, die sich von Herzen für eine Sache einsetzen, werden es nicht bloß beim Handeln belassen – sie werden auch zu Gott[2] beten, dass ihr Anliegen Erfolg haben möge. Und umgekehrt: Wenn sie beten, dann werden sie es nicht beim Gebet belassen, sondern auch ein ihrem Glaubensanliegen entsprechendes Tun auf den Weg bringen. »Ora et labora!« (=Bete und arbeite!) ist die klassische Formel dafür. Die Klärung und Ausdifferenzierung dieser Basisformel ist eine der Absichten dieses Buches. Dabei muss der Adressat von Gebeten in den Blick kommen. Anders als Hartmut von Sass glaube ich sehr wohl, dass Gebete einen Adressaten haben[3], und zwar den »fernen Nachbarn Gott«.

Entstanden ist dieses Buch im Wesentlichen während meiner »Studienzeit« von April bis Juni 2023. In diesen drei Monaten hatte ich die Möglichkeit, zusammen mit Professor Dr. Heiko Schulz ein systematisch-theologisches Hauptseminar an der Goethe-Universität Frankfurt zu

---

1 TERTULLIAN: Apologeticum – Verteidigung des Christentums, 183.
2 Aus rein praktischen Gründen verwende ich für das Wort »Gott« in diesem Buch meist die üblichen männlichen Pronomen. Auch wenn ich ihn »Vater« nenne, ist er mir natürlich stets »Vater und Mutter« und mehr als dies – selbstverständlich frei jedweder geschlechtlichen Identität.
3 HARTMUT VON SASS: Atheistisch glauben, 118–132. Von Sass versteht Gebete als »Adressen ohne Adressat«.

halten. Ich bin ihm und den Studierenden dankbar, dass das möglich war. Ich habe von den Studierenden sehr viel gelernt. Kapitel für Kapitel habe ich Elemente einer liberalen Gebetslehre zusammengetragen. »Liberal« heißt dabei: inspiriert vom Geist der Aufklärung, insbesondere vom Geist Immanuel Kants. Ihm folge ich uneingeschränkt in seiner Kritik an Dogmatismus, religiösen Wahnideen, Aberglauben, »Afterdiensten«[4] und Pfaffentum im Christentum. Leider gibt es all diese Phänomene auch noch fast zweieinhalb Jahrhunderte nach der »Kritik der reinen Vernunft« und dem Erscheinen von Kants religionskritischen Werken.

Aber mir reicht es im Gegensatz zu Kant nicht aus, Religion auf Moral zu beschränken und zu verengen. Gott ist für mich mehr als ein Gesetzgeber – er ist ein *Gott der schöpferischen Liebe*. Zu dieser Einsicht komme ich auf der Grundlage meiner Lebens-, Glaubens- und Gebetserfahrungen, aus denen ich mein Gottesverständnis zwar nicht ableiten, aber sehr wohl *herleiten* möchte. Hierzu haben mich vor allem Gerhard Ebeling und Ingolf Ulrich Dalferth angeregt. Letzterer deckt in seinem Werk immer wieder die Bedeutung religiöser Praxis für die Theologie auf und lädt dazu ein, die *pragmatische Dimension* religiöser und theologischer Rede zu reflektieren. Darin stimme ich ihm zu. Ich folge ihm aber nicht in der letztlich doch offenbarungstheoretischen Ausrichtung seiner Theologie.

Denn Praxis wird ja sehr unterschiedlich erlernt, erlebt und gestaltet. Meine persönliche Gebetspraxis beruht auf einer säkular und liberal gestimmten Frömmigkeit, weit abseits von jeglichem Dogmatismus einerseits und Beliebigkeits-Relativismus andererseits.

Mein Erkundungsgang im Labyrinth der Gebetslehre hat mich zu einigen überraschenden Erkenntnissen ge-

---

4 Was für ein schönes, provokantes, doppeldeutiges Wort!

führt, die vielleicht auch für die eine oder den anderen Lesenden klärend, hilfreich, orientierend sein können.

Besonders herzlich danke ich Heiko Schulz, der mich in meiner »Studienzeit« sehr freundlich als Mentor betreut hat, und den Studierenden der Johann-Wolfgang-Goethe-Universität, die im Sommersemester 2023 das von ihm und mir gemeinsam gehaltene Systematisch-Theologische Hauptseminar zum Thema »Gebet« besuchten. Heiko Schulz stand mir stets als kompetenter Gesprächspartner zur Seite und verfasste auch das Geleitwort zu diesem Buch. Auch sagten er und der Fachbereich Evangelische Theologie der Goethe-Universität einen Druckkostenzuschuss für die Publikation zu. Wertvolle Hilfe bei den Korrekturarbeiten leistete Frau Lisbeth (»Lissy«) Scholz, der ich dafür ebenfalls herzlich danke.

Gewidmet ist dieses Buch *drei Kirchengemeinden*, in denen ich mich besonders zu Hause fühlte und/oder noch fühle: der Evangelischen Cyriakusgemeinde in Frankfurt-Rödelheim, in der ich getauft und konfirmiert wurde und die seit 2013 wieder meine kirchengemeindliche Heimat darstellt, der Evangelischen Kreuzgemeinde in Frankfurt-Preungesheim, deren Gemeindepfarrer ich von 1992 bis 2000 sein durfte, und der Evangelisch-lutherischen Auferstehungsgemeinde in Hannover-Döhren, in der meine Familie und ich von 2000 bis 2013 lebten, wohnten und am Gemeindeleben teilnahmen. In allen drei Gemeinden habe ich Gottesdienste gehalten und mit den Gemeinden gebetet. So habe ich durch die Praxis das Beten gelernt und immer neu dazugelernt.

So viel steht schon jetzt fest: Dieses Buch ist das persönlichste aller meiner Bücher. Denn alle meine Analysen, jeder kritische Gedanke und jedes tastend vorgetragene Argument gruppieren sich um ein liebendes Herz – das Herz eines Betenden, der *zufällig*[5] auch noch Theologie treibt und sich von der Liebe Gottes angerührt weiß.

Frankfurt am Main, August 2023
Eberhard Martin Pausch

---

[5] Das ist wirklich ein biographischer Zufall. Denn weder meine Eltern noch meine Groß- oder Urgroßeltern hatten Theologie studiert oder auch nur ein Abitur gemacht. Hätte mich nicht die damals junge Pfarrerin ELKE KLEE in Frankfurt-Rödelheim konfirmiert und für die gemeindliche Jugendarbeit gewonnen, hätte ich sicher niemals Theologie studiert. Zu fremd war mir die Welt der Kirchen und der Theologie. Das ist teilweise auch heute noch der Fall. Über Vieles in meiner Kirche kann ich nur staunen, erschrecken und den Kopf schütteln. Vor allem über Unvernünftiges und Liebloses.

INHALT

I. Persönliche Zugänge zum Thema — 17
1. Erinnerungen (I) – Bilder aus ferner Vergangenheit — 17
2. Das Gebet im Horizont der Aufklärung — 19
3. Erinnerungen (II): Zweifel – nicht nur am Gebet — 22

II. Thematische Einführung — 24
1. Wovon hier die Rede ist — 24
2. Bücher in Gebetsform – Augustinus und Anselm — 26
3. Gott als Gebets-Nachbar: Konvexe, konkave und mystische Gebete — 28

III. Das Gebet als empirisches Phänomen — 33
1. Aktuelle statistische Beobachtungen — 33
2. Eine soziologische Perspektive: Hartmut Rosa — 34
3. Formale Merkmale von Gebeten: Akthaftigkeit, Relationalität und Personalität — 37

IV. Auf dem Weg zu einer Definition des Gebets — 42
1. Klassische Definitionsansätze: Friedrich Heiler, Wilfried Härle — 42
2. Das Gebet als dreistellige Relation — 45
3. Gebet und Glaube: Martin Luther und Friedrich Schleiermacher — 47
4. Gebet und Gottesdienst — 50
5. Gebet und Gotteslehre: Gerhard Ebeling — 52

V. Die Relate der Gebetsrelation: Menschen, Wirklichkeit, Gott — 56
1. Wie Gebete ein Leben prägen und verändern können — 56

    2 Der reale Kontext aller Gebete: die Wirklichkeit   58

    3 Gott als Gebets-Adressat   63

    4 Warum Christinnen und Christen nicht zu einem trinitarischen Gott beten müssen   67

    5 Warum Christinnen und Christen dennoch zu »Jesus« beten können   71

VI. Kant und die Problematik des Gebets in der Neuzeit   75

    1 Zur Problematik des Gebets in der Neuzeit: Immanuel Kants Gebetsverständnis   75

    2 Wahrhaftigkeit, Wahrheit und Gewissheit als Bezugspunkte des Gebets   80

VII. Elemente und Sprachformen des Gebets   85

    1 Das Kleeblatt: Wesentliche Elemente und Sprachformen des Gebets   85

    2 Weitere Elemente und Sprachformen des Gebets   87

    3 Modell einer erweiterten Matrix   90

VIII. Das Bittgebet   97

    1 Besonderheit und Problematik des Bittgebets   97

    2 Wider das »Blockuniversum«: Beten hält die Zukunft offen   100

    3 Erfüllte Gebetsbitten – drei biblische Beispiele   105

    4 Nicht erfüllte Gebetsbitten – zwei biblische Beispiele: Jesus und Paulus   110

    5 »Wunder gibt es immer wieder« – durch Gebete?   113

    6 Was heißt: »Erhörung« von Gebeten?   116

    7 Exkurs: »Der kleine Wunschprinz«: Kleine Veränderungen nicht geringschätzen   120

    8 Wer oder was verändert sich durch Bittgebete?   121

    9 Verändert sich auch Gott selbst durch Gebete?   122

IX. Zum Ort des Gebets im Leben der Christinnen und Christen — 128

1. Das Gebet als ein Anwendungsfall für die Pascal'sche Wette — 128
2. Ora et labora – et lude?: Jutta Koslowski — 131
3. Ora et labora – und »Warten auf Gottes Zeit«: Dietrich Bonhoeffer — 133

X. Zur Ethik des Gebets — 136

1. No-go-Gebete — 136
2. Problematische und falsche Gebete — 138
3. Basale ethische Gebetsregeln — 140
4. Beten und Humor — 144
5. Präzise beten! — 145

XI. Mit anderen Religionen beten — 147

1. Mit anderen Religionen beten – multireligiös, interreligiös oder transreligiös — 147
2. Gebet oder Meditation? — 151

XII. Gebete im Zeitalter der Digitalisierung — 155

1. Ein neuer Strukturwandel der Öffentlichkeit — 155
2. Alexa, bete für mich! ChatGPT, feiere für mich Gottesdienst! — 159

XIII. Gebete als Meta-Gebete und Mitochondrien der Religion — 164

1. Grenzfälle von Gebeten: Kurz-, Paradox- und Meta-Gebete — 164
2. Gebete als Mitochondrien der Religion — 168

Autobiografisches Nachwort: »Du richtest mich auf« — 173
Literaturverzeichnis — 179

I. Persönliche Zugänge zum Thema zum Thema

»Gott unser Vater und unsere Mutter[6],
geheiligt werde dein Name!
Dein Reich komme, dein Wille geschehe,
wie im Himmel so auf Erden.
Unser tägliches Brot gib uns heute
Und vergib uns unsere Schuld,
wie auch wir vergeben unseren Schuldigern.
Und führe uns nicht in Versuchung, sondern erlöse uns von dem Bösen,
denn dein ist das Reich und die Kraft und die Herrlichkeit
in Ewigkeit.
Amen.«

1 Erinnerungen (I) – Bilder aus ferner Vergangenheit

Seit ich etwa zwei Jahre alt war, lebte ich bei meiner Großmutter und meiner Urgroßmutter. Beide erzogen mich liebevoll und brachten mir auch das Beten bei. Das Beten, meist beim Zubettgehen vollzogen, war ein schlichtes, aber wichtiges Ritual in meiner Kindheit. Es endete meist mit dem Standardsatz: »Lieber Gott, mach mich fromm, dass ich in den Himmel komm!« Wahrscheinlich ging es vielen Kin-

---

[6] An dieser Stelle erweitere ich den Wortlaut des Gebets Jesu um eine »gendergerechte« Hinzufügung. Ich bitte die verständigen Leserinnen und Leser dieses Buches, das im Folgenden sinngemäß zu tun, wo es von mir her nicht ausdrücklich geschehen ist. Mein Text wäre sonst deutlich länger und sprachlich komplizierter ausgefallen.

dern in meinem Alter damals – in der alten Bundesrepublik in den 1960er Jahren – ähnlich, nur dass vermutlich ihre Eltern ihnen das Beten beibrachten. Ich lernte also das Beten. Und das Beten muss man auch lernen. Es ist uns nämlich nicht angeboren und alles andere als selbstverständlich. Heute noch weniger als damals.

Ich bin aber sehr froh, dass ich das Beten gelernt habe. Es war das wertvollste Geschenk, das meine Großmutter und meine Urgroßmutter mir jemals machten. Es hat mir in schweren Krisen meines Lebens geholfen. Die erste große Krise, an die ich mich bewusst erinnern kann, ereignete sich, als meine Urgroßmutter einen Herzinfarkt erlitt. Ich war damals (im Jahr 1967) sechs Jahre alt und erinnere mich an eine für mich traumatische Situation. Während des Abendessens fiel meine Urgroßmutter plötzlich von ihrem Stuhl, rang nach Luft, lief blau an – meine Großmutter rief per Telefon den Notarzt an und versuchte mich zu beruhigen. Ich wurde in mein Kinderzimmer geschickt, nahm dort meinen Teddy in den Arm und tat das Einzige, was ich tun konnte als kleiner Junge: Ich betete zu Gott, bat ihn um Hilfe und darum, dass er meine Uroma nicht sterben lassen möge. Bevor ich einschlief, hörte ich noch den Notarzt kommen und merkte, wie es langsam ruhiger wurde in unserer Wohnung. Als ich am nächsten Morgen aufwachte, war meine Urgroßmutter lebendig. Sie hatte den Infarkt wie durch ein Wunder überlebt und gut überstanden. Ich war unglaublich froh und dankbar und sagte dies Gott im Gebet. Ich wusste damals noch nicht, dass man in solchen Situationen davon spricht, mein Gebet sei »erhört« worden.

Man mag es kaum glauben, aber meine Uroma lebte danach noch fast ein Vierteljahrhundert und starb erst 1990 im 95. Lebensjahr. Was für eine Gebetserhörung! Was für ein Glück für den kleinen Jungen, der ich damals war. Denn wäre sie gestorben, dann hätte ich wohl zurück in ein Kinderheim gemusst, da meine Großmutter damals noch arbeiten ging und nicht die Möglichkeit gehabt hätte, mich zu betreuen und zu erziehen.

Etwa ein oder eineinhalb Jahre später hatte ein enger Freund unserer Familie einen schweren Autounfall. Er erlitt dabei sehr schwere Verbrennungen (3. Grades) und wurde in ein Krankenhaus gebracht. Dort rang er etwa zwei Wochen lang mit dem Tod. Ich kannte den jungen Mann und mochte ihn, wollte nicht, dass er stirbt. Also tat ich das, was ich tun konnte als kleiner Junge: Ich betete zu Gott und bat ihn um das Leben des Mannes. Ich tat dies von Abend zu Abend, zwei Wochen lang. Dann erfuhr ich, er sei an seinen Verletzungen gestorben. Diesmal war also kein Wunder geschehen. Und scheinbar waren auch meine Gebete nicht »erhört« worden. Aber Gott hatte sie doch »ge-hört« – oder? Als Kind war ich mir sicher: Gott ist da, er hat mein Gebet gehört. Warum er meine innigen Bitten nicht erfüllt hat, verstand ich nicht. Aber ich lernte: Gott erfüllt mir nicht alle meine Bitten, sie mögen noch so berechtigt sein und noch so innig vorgetragen werden. Er ist kein »Wunsch-o-mat«, keine Maschine, die mir meine Wünsche erfüllt. Friedrich Hölderlin hat ja Recht in den bedeutungsschweren Versen zu Beginn seiner Hymne »Patmos«: Er ist nah, aber zugleich fern von uns, weil »schwer zu fassen«, dieser Nachbar Gott.

2 Das Gebet im Horizont der Aufklärung

Für viele Christenmenschen ist das Beten ein Teil ihres Lebens. Aber auch in anderen Religionen – nicht nur in den monotheistischen wie dem Judentum und dem Islam – ist das Gebet zuhause. Auch im Hinduismus und selbst im Buddhismus gibt es die Praxis des Betens – wenn auch nicht in allen Varianten und Nischen dieser Religionen. Ich befasse mich hier als christlicher Theologe (natürlich) mit der christlichen Gebetsauffassung. Es wäre sicherlich eine Form kultureller Aneignung, über die Gebetsauffassung anderer Religionen urteilen zu wollen. Hier mag die Beobachtung genügen, dass auch in anderen Religionen gebetet wird. Es gibt also ein ähnliches, vielleicht analoges Phänomen zu dem, was Christenmenschen »Gebet« nennen.

Was Christinnen und Christen unter dem Gebet verstehen, möchte ich hier rekonstruieren. Ich gehe daher in eine gewisse Distanz zu dem, was ich selbst seit meiner Kindheit tue und was auch andere tun. Ich versuche, eine existierende Glaubenspraxis zu verstehen. Das Zusammenbringen von »Glauben und Verstehen« war nicht nur ein zentrales Anliegen des Theologen Rudolf Bultmann (1884–1976).[7] Es ist dem Glauben selbst wichtig, auf Verstehen zu zielen und mit ihm verbunden zu sein.[8] Der Glaube hat also ein *hermeneutisches* Interesse. Darüber hinaus ist es auch und vor allem ein wichtiges Anliegen für die christliche Theologie – verstanden als *Wissenschaft vom Glauben an Gott*[9] –, dass Glauben und Verstehen zueinander finden, wenn sie denn eine Wissenschaft unter anderen Wissenschaften im Wissenschaftssystem ist.

Mir geht es dabei um eine rationale Rekonstruktion. Ich versuche also, das Gebet vernünftig zu verstehen. Zu den Mindeststandards von Vernünftigkeit zähle ich dabei se-

---

7   RUDOLF BULTMANN: Glauben und Verstehen. Erster Band [1933]. Bultmanns in den Jahren 1933 bis 1965 erschienene vier Aufsatzbände mit dem Titel »Glauben und Verstehen« (I–IV) bilden in seinem Gesamtwerk einen Fokus, dessen Pointe man nur versteht, wenn man Bultmann hier im Anschluss an den Apostel Paulus liest, für dessen Theologie der Grundsatz der *Verständlichkeit* maßgeblich war.

8   »Religionen sollen in ihrem Kern verstehend nachvollzogen werden.« (DIETER HENRICH: Furcht ist nicht in der Liebe, 69.)

9   Ich sehe Theologie nicht als eine »Wissenschaft von Gott«. Denn Gott als nicht-empirisches Phänomen kann von Menschen nicht erforscht werden. Erforscht werden kann nur, was Menschen empfinden, denken, wollen und tun, wenn sie sich auf Gott beziehen. Erforscht werden kann nur der Glaube an Gott.

mantische Klarheit und Deutlichkeit – ich versuche daher, zentrale Begriffe, die ich verwende, zu erklären. Ebenso zähle ich syntaktische Stimmigkeit zu den Mindeststandards von Vernünftigkeit – ich versuche also, den Gesetzen der Logik zu folgen. Widersprüche können daher nicht hingenommen werden, und logische Ableitungen müssen prinzipiell möglich sein. Zu den Mindeststandards von Vernünftigkeit zähle ich schließlich auch pragmatische Aspekte – die Erkenntnisse, die ich gewinnen möchte, sollten möglichst eine für die menschliche Lebenswelt erkennbare Relevanz haben.

Mein rationaler Rekonstruktionsversuch bewegt sich im Rahmen einer »Aufklärung 2.0«. Damit schließe ich mich bewusst an Einsichten an, die seit Immanuel Kant (1724–1804) in der Philosophie der Aufklärung und in der liberalen Theologie gewonnen wurden. Religion muss sich – darin stimme ich Kant völlig zu – »in den Grenzen der bloßen Vernunft« bewegen. Das Phänomen des Gebets kann und darf daher die Grenzen der Vernunft nicht überschreiten – wobei deren Grenzen durchaus unterschiedlich eng oder weit abgesteckt werden können. Auch dieser Klärungsprozess bedarf natürlich einer Verständigung – im Geist der Aufklärung.

Dass ich überdies von einer »Aufklärung 2.0« rede (ich könnte auch »Aufklärung 3.0« dazu sagen)[10] hat damit zu tun, dass Aufklärung immer auch über sich selbst aufklären und sich weiterentwickeln muss und dies seit dem 18. Jahrhundert ja auch immer wieder getan hat. Aufklärung ist eben keine abgeschlossene Epoche der Vergangenheit, sondern ein unabschließbarer Prozess und ein immer

---

10 Unter »Aufklärung 3.0« verstehe ich eine Denkbewegung, in welcher die Analytische Philosophie, die Kritische Theorie der Frankfurter Schule und der Kritische Rationalismus (etwa im Sinne Karl Poppers) konvergieren würden. Die Implikationen einer solchen Konvergenz möchte ich an anderer Stelle aufzeigen.

wieder neues Projekt, das uns Menschen des 21. Jahrhunderts zu realisieren aufgegeben ist.[11] Uns als Menschen – und auch uns als Christenmenschen.[12]

3   Erinnerungen (II): Zweifel – nicht nur am Gebet

Spätestens mit meiner Pubertät kamen Zweifel in mir auf – Zweifel am »nahen« Gott, am vertrauten Glauben, am Beten. Gibt es Gott, wenn er doch in keiner Weise wahrnehmbar ist? Gibt es ihn, wenn ich seine Antwort nicht in meinem Herzen höre? Gibt es ihn, wo doch so viele meiner Gebete scheinbar nicht erhört wurden?

Es ist gut, dass mit dem Erwachsenwerden auch die Zweifel bei uns wachsen. Nur so kann sich ein kritischer Verstand ausbilden. Nur so kann wissenschaftliche Rationalität sich bei uns etablieren. Nur so kann ich mich von Lug und Trug, von Fehlern und Irrtümern abgrenzen. Nur so kann ich Fake News widerstehen und Verschwörungsmythen entlarven.

Nicht alles, was wahr zu sein scheint, ist es auch. Nicht alle meine Gewissheiten beruhen auch auf Wahrheit. Descartes hat ja Recht: Unbezweifelbar ist in einem strengen Sinne nur mein eigener Zweifel – das ist die Wahrheit, die in dem »cogito ergo sum«-Satz steckt und die immer noch die Türe für den schlimmen Verdacht offenhält, dass wir möglicherweise alle »Gehirne im Tank« sein könnten.[13]

Wer sich mit solchen Gedanken quält – und das tat ich als Jugendlicher, spätestens seit ich 1974 Rainer Werner

---

11 Mit dieser Auffassung folge ich etwa Steven Pinker: Aufklärung jetzt – Für Vernunft, Wissenschaft, Humanismus und Fortschritt; Marie-Luisa Frick: Mutig denken; Corine Pelluchon: Das Zeitalter des Lebendigen; Markus Gabriel et al: Towards a New Enlightenment.
12 Eberhard Martin Pausch: »Every Day for Enlightenment«: Die Hauptaufgabe für Kirche und Gesellschaft, 753–756.
13 Hilary Putnam: Vernunft, Wahrheit und Geschichte, 21–31.

Fassbinders Science-Fiction-Film »Welt am Draht«[14] gesehen hatte –, der zweifelt erst recht an Gott, am Glauben, am Gebet. So erging es mir als Teenager. Hätte ich damals schon Luthers Satz gekannt: »Der Heilige Geist ist kein Skeptiker«[15], so hätte ich daraus logisch nur zwingend ableiten können, dass ich nicht der Heilige Geist bin – aber leider kaum mehr über die Wahrheit des christlichen Glaubens.

Als ich 1980 mein Theologiestudium begann, machte ich mich daher auf einen spannenden, ergebnisoffenen Weg. Ich bin heute sicher, *nur* das Studium der Theologie hat mich davor bewahrt, in einen Skeptizismus zu verfallen. Ich kann es daher jedem Menschen nur empfehlen, der am Glauben zweifelt. Aber ebenso sicher hat mich das Theologiestudium vor einem Dogmatismus bewahrt. Dafür bin ich besonders dankbar, denn ich lehne jede Art von Dogmatismus in der Religion ab. Ich würde heute meinen Glauben als »wahrheitsbezogen-offen« charakterisieren.[16] Das heißt: weder dogmatisch noch skeptizistisch.

In diesem Sinne bin ich auch offen für das Gebet und für Gott. Meine Zweifel aber habe ich in meinen Glauben integriert[17] und nutze sie in meinem Denken. Dort vor allem werden sie benötigt, und vor allem dort sind sie auch heute noch am besten aufgehoben.

---

14 Im Grunde genommen eine Variation des Gedankens, wir seien alle nur »Gehirne im Tank«. Der Film »Welt am Draht« erzählt von einem Computer-Programm, das eine von digitalen Menschen bevölkerte Welt II erschafft, in der ein Computer-Programm wiederum eine von digitalen Menschen bevölkerte Welt III konstruiert. Nun gibt es Menschen in der Welt II, die ein Selbstbewusstsein entwickeln und die Fähigkeit, zu zweifeln. Dadurch entdecken sie, dass sie selbst nur in der »Welt am Draht« leben und wollen in die wirkliche Welt gelangen.
15 So in der Auseinandersetzung mit Erasmus von Rotterdam, der die Bedeutung des wissenschaftlichen Zweifels in der Theologie hervorgehoben hatte. Dagegen betonte Luther die Bedeutung der Gewissheit. Vgl. Martin Luther: »Dass der freie Wille nichts sei« [De servo arbitrio], 14.
16 Eberhard Martin Pausch: Zwischen Fundamentalismus und Atheismus, 87–115.
17 »Ich glaube – hilf meinem Unglauben!« (Markus 9, 24).

II. Thematische Einführung

1 Wovon hier die Rede ist

Was ist das eigentlich, ein Gebet? Es ist zu früh, hier eine Definition zu geben. Aber umreißen möchte ich schon, was ich vorläufig unter dem Begriff verstehe. Ich unterscheide nämlich zwischen dem *Akt und der Haltung des Betens* (i) einerseits als einer menschlichen[18] Lebensäußerung, die in vielen Religionen und Kulturen vorkommt, sodann dem *Gebetstext oder der Gebetsform* (ii), die als zeichen- oder textförmiges Ergebnis der Gebetshaltung oder des Gebetsaktes vorliegen kann, und schließlich den *Gebeten selbst* (iii), bei denen Menschen Gebetstexte oder Gebetsformen in einer ganz bestimmten Situation ihres Lebens verwenden und adressieren. Diese Situation kann eine private oder eine öffentliche, eine säkulare oder eine kultisch-liturgische sein.

Die hier vorgeschlagene dreifache Unterscheidung ist nötig, auch wenn in der Alltagssprache diese Differenzierung nicht immer gelingt und zuweilen das Beten, der Gebetstext und das Gebet selbst synonym erscheinen. Wichtig ist zunächst: *Beten* ist eine menschliche Haltung oder eine menschliche Tätigkeit. Als Resultat des Betens können *Gebetstexte* oder *Gebetsformen* entstehen. Diese Formen oder Texte (als Kombinationen von sprachlichen und nichtsprachlichen Zeichen) können aber auch *auf andere Weise* entstehen: Schriftsteller können sie produzieren, oder eine künstliche Intelligenz wie ChatGPT kann sie entwerfen. Zu *echten Gebeten* werden

---

18 Ob auch andere Wesen als Menschen beten (können), ist hier nicht zu beantworten. Ich kenne jedenfalls keine anderen Wesen, die dies tun.

solche Gebetstexte oder -formen nur in ganz bestimmten Situationen: nämlich dann, wenn Betende sie als solche intendieren und verwenden.

Ein elementares Beispiel: Das von Jesus an seine Jüngerinnen und Jünger übermittelte *»Vaterunser«* ist so, wie es uns vorliegt, zunächst einmal ein *Gebetstext*. Wenn wir ihn sprechen und uns damit an Gott adressieren, wird aus diesem Text ein *Gebet*. Solange das »Vaterunser« nur in der Bibel oder in anderen Büchern abgedruckt ist, stellt es bloß einen Text dar, eine reine *Gebetsform*.

Der Ausdruck »Gebetsform« scheint mir aus zwei Gründen hilfreich zu sein: Erstens kann er sich auch auf nichtsprachliche Zeichen (Falten der Hände, Knien usw.) beziehen, zweitens lässt er sich analog zu der in der Mathematik üblichen Unterscheidung von »Aussageform« und »Aussage« verwenden. Die Aussageform enthält eine *Variable*, die in der Aussage selbst durch einen realen Wert ersetzt werden muss. Die Variable in der Gebetsform wird im echten Gebet ersetzt durch *die konkrete Situation*, in welcher gebetet wird. Der Satz »Gott, schenke dieser Welt Frieden!« ist eine »Gebetsform« bzw. ein »Gebetstext«. Zum Gebet wird der Satz, wenn Menschen ihn in einer von Gewalt und Krieg überschatteten oder gekennzeichneten Situation sprechen. Die Situation kann dann auch noch konkreter im Gebet abgebildet werden: »Gott, beende den Krieg in der Ukraine/in Syrien/in …«.

Das Beten eines Betenden wird also zum Gebet dieses Betenden durch einen bestimmten Ereignis- und Handlungszusammenhang, in den es eingebettet ist. Es hat eine »pragmatische« Dimension.

2 Bücher in Gebetsform – Augustinus und Anselm

Bücher mit Gebeten darin gibt es reichlich. In der Regel sind es Gebetssammlungen, in denen viel Material zusammengetragen ist: Gebetstexte oder Gebetsformen, die einfach durch Lektüre zur Kenntnis genommen werden können oder aber von Betenden in bestimmten Situationen angeeignet und somit zu echten Gebeten werden können.

Es gibt aber auch den – selteneren – Fall, dass ein Buch durchweg als Gebetsform stilisiert wurde und vermutlich in der Existenz seines Autors auch tatsächlich einen »Sitz im Leben« als Gebet hatte. Ein klassisches Dokument dafür sind die »Bekenntnisse« des Aurelius Augustinus (354 – 430 n. Chr.).[19] Es beginnt mit einer doxologischen Anrede an Gott: »Groß bist du, Herr, und höchsten Lobes würdig. Groß ist deine Macht, und deine Weisheit hat keine Grenzen. Und dich will loben ein Mensch, irgend so ein Stück deiner Schöpfung, ein Mensch, der seine Sterblichkeit mit sich herumschleppt [...]«.[20] Es ist von zahlreichen weiteren Anreden an Gott durchzogen und endet stilgerecht am Ende des »13. Buches« mit einem »Amen«. Dazwischen liegen Erzählungen und Reflexionen, ausgedehnte theologische Gedankengänge und als roter Faden darin die sehnsüchtige Suche des Autors nach der »Ruhe« für seine Seele, »[...] denn unruhig ist unser Herz, bis es ruht in dir«.[21]

Auch der Theologe Anselm von Canterbury (um 1033–1109) hat sich der Gebetsform bedient, um eines seiner berühmtesten Werke, das »Proslogion«[22], zu gestalten. In vielen Interpretationen wird dieses Werk als Darlegung des »ontologischen Gottesbeweises« gewürdigt. Aber die Ge-

---

19 AURELIUS AUGUSTINUS: Confessiones – Bekenntnisse, Lateinisch/Deutsch.
20 Ebd., 35.
21 Ebd.
22 ANSELM VON CANTERBURY: Proslogion/Anrede. Lateinisch/Deutsch.

betsform ist dem Werk nicht bloß äußerlich. Denn Anselm zufolge kommt es zum »intellectus fidei«, also zur Einsicht in die Wahrheit des Glaubens, nur im Gebet zu Gott. Das »Proslogion« hat somit eine »pragmatische Pointe«[23]. Der scheinbare Gottesbeweis ist logisch nicht zwingend, jedenfalls aus rein philosophischer Perspektive.[24] Wer aber an Gott glaubt und zu ihm betet, für den erschließt sich das ontologische Argument als Grundlage alles Denkens und Erkennens. »Nur dasjenige theologische Denken Gottes – so könnte man daher Anselms Pointe aufnehmen –, das sich im Gebet bewährt, verdient intellectus fidei genannt zu werden.«[25]

Die zwei Beispiele von Büchern, die in Gebetsform geschrieben wurden, sollen hier auch illustrieren, dass das Beten, der Gebetstext und das Gebet selbst im Entstehungsprozess eines Werkes eng miteinander verbunden und kaum voneinander unterscheidbar sein mögen. Liegt aber das Werk als Werk vor, dann ist diese Unterscheidung notwendig. Denn die späteren Rezipientinnen und Rezipienten des Werkes sind ja nicht die Betenden, die es hervorgebracht haben. Sie können es aber zur Kenntnis nehmen und sich vielleicht in bestimmten Situationen ihres Lebens zu eigen machen. Dies wird beim »Vaterunser« vielleicht einfacher sein als beim »Proslogion«. Aber grundsätzlich ist es möglich, uns überlieferte und vorliegende Gebetsformen in je-eigene Gebete zu verwandeln. Jeder Gebetstext kann in einer bestimmten Situation angeeignet und so zum Gebet werden.

---

23 INGOLF ULRICH DALFERTH: Gott. Philosophisch-theologische Denkversuche, 66f.
24 Ebd., 91. Vgl. auch WILFRIED HÄRLE: Systematische Philosophie, 240–242.
25 INGOLF ULRICH DALFERTH: Gott. Philosophisch-theologische Denkversuche, 94.

3 Gott als Gebets-Nachbar: Konvexe, konkave und mystische Gebete

»Nah ist / und schwer zu fassen der Gott.« Ein Satz des Dichters Friedrich Hölderlin (1770-1843), der mein Leben schon lange begleitet. Ich denke, er könnte das moderne Gottesverhältnis vieler Menschen charakterisieren. Denn Gott ist »schwer zu fassen«, man könnte auch sagen: fern von uns trotz seiner Nähe. Ein weiterführender Gedanke hierzu stammt von einem anderen Dichter, der ein Jahrhundert später als Hölderlin lebte: Rainer Maria Rilke (1875-1926). Rilke schrieb im Jahr 1899 ein wunderschönes, zum Nachdenken anregendes Gedicht über Gott als den »Nachbarn« des Menschen. Die darin zum Ausdruck kommende Sicht auf die Beziehung von Mensch und Gott hat für viele Menschen wohl auch (oder sogar erst recht) heute noch Gültigkeit:

> »Du, Nachbar Gott
> Du, Nachbar Gott, wenn ich dich manches Mal
> in langer Nacht mit hartem Klopfen störe, -
> so ist's, weil ich dich selten atmen höre
> und weiß: Du bist allein im Saal.
> Und wenn du etwas brauchst, ist keiner da,
> um deinem Tasten einen Trank zu reichen:
> ich horche immer. Gib ein kleines Zeichen.
> Ich bin ganz nah.
> Nur eine schmale Wand ist zwischen uns,
> durch Zufall; denn es könnte sein:
> ein Rufen deines oder meines Munds -
> und sie bricht ein
> ganz ohne Lärm und Laut.
> Aus deinen Bildern ist sie aufgebaut.
> Und deine Bilder stehn vor dir wie Namen.

Und wenn einmal in mir das Licht entbrennt,
mit welchem meine Tiefe dich erkennt,
vergeudet sich's als Glanz auf ihren Rahmen.
Und meine Sinne, welche schnell erlahmen,
sind ohne Heimat und von dir getrennt.«[26]

Ich kann dieses kleine lyrische Kunstwerk hier nicht vollständig auslegen. Aber ich möchte wenigstens ein paar Hinweise zu seiner Deutung geben. Es geht in diesem Gedicht um die Beziehung des Menschen zu Gott. Und sie wird anders als gewohnt gedeutet. Zwar befindet sich Gott in der »Nähe« des Menschen (»Nachbar Gott«). Und der ihn anredende Mensch »klopft bei ihm an«. Dies tut er sicherlich in Form des Gebets, der ihn suchenden Anrede. Aber Gott ist derjenige, der in seinem Saal alleine zu sein scheint und für den keiner da ist, um seinem »Tasten einen Trank zu reichen«. Fast klingt es so, als sei Gott der Einsame und Hilfsbedürftige. Und der Mensch steht bereit, um ihm zu helfen: »Ich horche immer. Gib ein kleines Zeichen. Ich bin ganz nah.«

Jetzt hat das Verhältnis von Mensch und Gott sich fast umgedreht: Der Mensch ist Gott nahe und bereit, ihm zu antworten und ihm bei Bedarf »einen Trank zu reichen«. Ist das nicht befremdlich? Oder sogar Blasphemie?

Ich denke, es ist vor allem Sehnsucht. Die Sehnsucht des Menschen nach Gemeinschaft mit Gott. Die nahen Nachbarn sind nämlich zugleich ferne Nachbarn: getrennt durch eine dünne, schmale Wand. Diese ist aber überwindbar, wenn eine der beiden Seiten bereit ist, den anderen zu rufen: »Nur eine schmale Wand ist zwischen uns, / durch Zufall; denn es könnte sein: / ein Rufen deines oder meines Munds – / und sie bricht ein / ganz ohne Lärm und Laut.« Sowohl Gott selbst als auch der

---

26 RAINER MARIA RILKE: Ausgewählte Gedichte, 15.

Mensch können somit durch ihr »Rufen« (welchen Inhalt sollte dieses haben? in welcher Lautstärke sollte es geschehen?) die schmale Wand überwinden. Dann werden sie beieinander sein, der Mensch bei Gott und Gott beim Menschen.

Rilke fährt dann noch fort, zu erläutern, aus welchen Elementen die Trennwand besteht: »Aus deinen Bildern ist sie aufgebaut«. Welche Bilder sind damit gemeint? Die Gottesbilder, also die Bilder, die Menschen sich von Gott machen? Sind sie das Trennende? Oder sind die Symbole und Metaphern der biblischen und christlichen Bildsprache gemeint? Oder aber die Kunstwerke, in denen Menschen zu je ihrer Zeit sich Gott den Schöpfer, Jesus Christus und den Heiligen Geist vergegenwärtigen wollten und wollen?

Die trennenden Bilder aber werden überwunden dadurch, sagt die nächste Strophe, dass im Menschen selbst ein »Licht entbrennt«, das die Erkenntnis Gottes ermöglicht und sich zugleich als Glanz auf dem Rahmen dieser Bilder »vergeudet«. Dieses Licht schaltet die menschlichen Sinne gleichsam aus. Rilke scheint mir hier – ohne dass ich dies zwingend begründen kann – von dem inneren Licht zu sprechen, das der Mystik zugeschrieben wird. Der Dichter mag sich somit nach einer mystischen Erfahrung sehnen, die ihm eine Einheit mit Gott beschert. Dann muss er allerdings seine Sinne zurücklassen. Denn auch das Einswerden mit Gott kostet seinen Preis.

Ob es uns Menschen aber überhaupt möglich ist, von uns aus die Trennwand zu überwinden? Ist es nicht Gott in seiner Selbstoffenbarung überlassen, die Wand zu beseitigen? Es bleibt das Gefühl, das schon die erste Strophe ganz ausfüllt: Gott ist da, er ist uns ganz nah, und wir sind ihm nah, getrennt zwar, aber voller Sehnsucht, dass die Trennung überwindbar sein möge. Rilke beschreibt hier die Ausgangslage eines mutigen, gleichsam eines

»konkaven«[27] Gebetes: *Ich, lieber Nachbar Gott, ich möchte zu dir kommen. Vielleicht aber sehnst du dich ja genauso nach mir, wie ich mich nach deiner Nähe sehne! Vielleicht kommst also du zu mir?!?*

Beten wir nun *konkav* oder beten wir *konvex* zu Gott? Und sehen wir ihn auch heute noch als unseren »Nachbarn«? Ein konvexes Beten hat wohl der Theologe Rolf Schäfer im Sinn, wenn er das Gebet als eine Form des »Transzendierens« beschreibt.[28] Aber kann ich mich wirklich aktiv Gott nähern? An Rilkes Lichtmetaphorik anknüpfend, ist vielleicht noch eine dritte Möglichkeit des Gebets denkbar, nämlich das »*mystische*« Gebet. Damit wäre das völlige Einswerden, also die Verschmelzung des Betenden mit Gott gemeint. Gott wäre dann kein Gegenüber, kein Nachbar mehr, ich wäre auch nicht »in« ihm wie beim panentheistischen Modell, sondern Mensch und Gott würden zusammenfallen, identisch werden. Natürlich könnte das nur von Gott selbst her gedacht werden, nur er könnte diese Einheit stiften. Rilke mag sich nach einer solchen Einheit mit Gott sehnen, aber das letzte Wort seines Gedichts heißt dann doch – und das wohl nicht zufällig: »getrennt«. Mir scheint die Notwendigkeit der *Unterscheidung* von Mensch und Gott bei aller möglichen Nähe zu unserem Schöpfer und also *eine relationale Deutung* des Betens und des Gebets notwendig zu sein. Ob wir konvex oder konkav zu unserem fernen Nachbarn Gott beten, was wir in jedem Falle brauchen, ist die »Gottdurchlässigkeit« des gesegneten Wortes, wie Nelly Sachs (1891–1970) ganz im Sinne Rilkes einst dichtete. Von ihr

---

27 *Konkav* bedeutet: nach innen gewölbt. Das würde heißen, Gott kommt durch die Trennwand zu mir. *Konvex* dagegen bedeutet: nach außen gewölbt. Das heißt, ich versuche, die Trennwand zu Gott zu überwinden.

28 ROLF SCHÄFER: Der Evangelische Glaube, 65, 116. Schäfers Buch halte ich auch nach einem halben Jahrhundert noch immer für ein in seiner Verständlichkeit und Kürze außerordentlich gut gelungenes Dokument einer liberalen Glaubenslehre.

stammt ja auch der bekannte Vers: »Gott ist ein Gebet weit von uns entfernt«.

III. Das Gebet als empirisches Phänomen

1 Aktuelle statistische Beobachtungen

Gebete gibt es. Sie sind empirisch nachweisbare Phänomene. Jedenfalls in dem Sinne, dass Menschen verschiedener Religionen sich an einen Gott oder an Götter/Gottheiten adressieren. Dabei kann die Frage hier zunächst einmal offenbleiben, ob es den oder die Adressaten der Gebete wirklich gibt.[29] Insofern Gebete aber empirische Phänomene sind, lassen sie sich auch statistisch nachweisen. Mit diesem ganz profanen Nachweis möchte ich einsteigen.

Eine Umfrage zum Weltgebetstag 2021 ergab, dass jeder fünfte Deutsche überhaupt noch nie gebetet hat.[30] Auch weitere Ergebnisse derselben Umfrage sind interessant:
- 38% der Deutschen bezeichnen sich selbst als »gläubig«, darunter mehr Frauen als Männer.
- Menschen mit Migrationshintergrund nennen sich häufiger »gläubig« als Menschen ohne Migrationshintergrund.
- Von den Personen, die sich selbst als gläubig bezeichnen, gibt rund die Hälfte an, »häufig« zu beten – damit ist gemeint mehrmals in der Woche, einmal am Tag oder sogar mehrfach an einem Tag.
- In Notsituationen oder bei besonderen religiösen Anlässen beten Menschen am meisten – besonders oft kommt dies wohl bei Trauerfeiern/Beerdigungen vor.

---

29 HARTMUT VON SASS bezeichnet Gebete ja als »Adressen ohne Adressat«. Das ist allerdings eine sehr spezielle Auffassung. In den meisten Fällen würden Betende sagen, sie adressierten ihre Gebete an (einen) Gott. Ihnen ist dabei in der Regel wohl bewusst, dass Gott keine »Person« ist wie andere Personen.

30 https://yougov.de/topics/lifestyle/articles-reports/2021/03/03/umfrage-zum-weltgebetstag-jeder-funfte-deutsche-ha (abgerufen am 30.6.2023).

- Selbst 20% derer, die sich selbst als »gläubig« bezeichnen, gaben an, niemals zu beten.

Zieht man in Betracht, dass seit dem Jahr 2022 nicht einmal mehr 50% aller in Deutschland lebenden Menschen sich zu einer der beiden großen christlichen Kirchen zählen, so korrespondiert die Umfrage durchaus mit diesem Tatbestand. Ein doppeltes Faktum wird daraus ersichtlich:
- Falls die Zahlenangaben stimmen sollten, pflegt gegenwärtig weniger als die Hälfte aller Menschen in unserem Land zu beten.
- Wenn Menschen aber beten, dann beschränkt sich das nicht auf einmalige Akte, sondern sie tun das auf die Woche, auf den Monat, auf das Jahr gerechnet offenbar mehrfach. Beten ist also eine Wiederholungstat.

Allerdings wurde – wie das bei derartigen Umfragen wohl so üblich ist – nicht gefragt, was die Menschen denn unter »gläubig« verstehen und wie sie das Gebet oder Beten definieren – was sie also *genau* mit diesen Begriffen verbinden. Das kann ja durchaus unterschiedlich sein, je nach dem eigenen religiösen Selbstverständnis.

2   Eine soziologische Perspektive: Hartmut Rosa

Die Soziologie hat sich schon immer mit dem Phänomen der Religion befasst: ob es Karl Marx mit seiner These vom »Opium des Volkes«[31] war, Max Weber mit seiner Analyse des Zusammenhangs von Protestantismus und Kapitalismus oder Niklas Luhmann, der die spezielle »Funktion der Religion«[32] ebenso ausführlich untersuchte wie zuletzt um-

---

31   Vgl. Eberhard Martin Pausch: Offen, links und frei, 69–78.
32   Niklas Luhmann: Funktion der Religion.

fassend »Die Religion der Gesellschaft«[33]. Nachdem er sich lange wie Max Weber als »religiös unmusikalisch« bezeichnet hatte, widmete auch Luhmanns Antipode Jürgen Habermas sich seit dem 11. September 2001 verstärkt dem Phänomen der Religion und insbesondere der Frage nach dem Verhältnis von Glauben und Wissen. Diese Befassung kulminierte in der Publikation eines inhaltlich wie vom Umfang her beeindruckenden Alterswerkes. Sein Werk läuft auf eine Würdigung der Leistung der Religion hinaus, die religiösen Lehren in der Moderne dann eine »Überlebenschance« einräumt, wenn sie »im gottesdienstlichen Ritus der Gemeinde *praktiziert*, also auch im existentiellen Sinne angeeignet«[34] würden. Damit klingt jedenfalls indirekt auch das Thema des Gebetes an, denn die existentielle Aneignung im Gottesdienst geschieht ja wesentlich im Modus des Gebets.

Nicht für weniger wichtig, sondern eher für noch bedeutsamer hält der Jenaer Soziologe Hartmut Rosa das Phänomen des Gebets. In seinem Buch »Demokratie braucht Religion«[35] skizziert er nicht nur, warum seines Erachtens eine demokratische Gesellschaft Religion braucht, wenn sie Zukunft haben will, sondern auch, welche besondere Funktion das Beten bzw. die Gebete von Glaubenden in der Gesellschaft haben.

Seine Ausgangsthese bezüglich unserer gegenwärtigen Gesellschaft besagt, dass diese von einem »rasenden Stillstand«[36] geprägt sei. Er erläutert diese paradoxe Aussage durch den Hinweis auf Phänomene wie andauernde Beschleunigungstendenzen, permanentes Wachstum, vielfach vorhandene Irrationalität, ausgeprägte Aggres-

---

33 NIKLAS LUHMANN: Die Religion der Gesellschaft.
34 JÜRGEN HABERMAS: Auch eine Geschichte der Philosophie, Band 2: Vernünftige Freiheit, 699.
35 HARTMUT ROSA: Demokratie braucht Religion.
36 Ebd., 22, 27, 46.

sionsverhältnisse und sich häufende Burnout-Vorkommnisse. Ein Beispiel, in dem all diese Phänomene zusammenkommen, waren die Auseinandersetzungen in der Corona-Pandemie, etwa im Hinblick auf die Frage der Masken- oder gar der Impfpflicht. Die derart konflikthaft geprägte Gesellschaft benötige eine »dynamische Stabilisierung« durch kreatives Handeln und gelingende Resonanzbeziehungen.

Dazu könne Religion und könnten die Kirchen seines Erachtens beitragen, da sie »ein vertikales Resonanzversprechen« abgäben. »Resonanz« ist neben »Unverfügbarkeit« bekanntlich einer der Schlüsselbegriffe von Rosas Soziologiekonzept. »Am Grund meiner Existenz liegt nicht das schweigende, kalte, feindliche oder gleichgültige Universum, sondern eine Antwortbeziehung.«[37] Dies, so meint Rosa, sei der Kern vieler religiöser Erfahrungen, nicht nur in den monotheistischen Religionen. Resonanz beinhaltet also eine Antwortbeziehung, und hierfür sei das Beten oder Gebet geradezu paradigmatisch. Bis hinein in die »Gebetshaltung« der Betenden, also in einem physischen bzw. biologischen Sinn, sei die Resonanzerwartung spürbar. Ein Gott, der dem Menschen zusage: »Ich habe dich bei deinem Namen gerufen, du bist mein!« (Jesaja 43,1), gewähre Resonanz in der Gebetsrelation. Diese Art von Resonanzerfahrung sei für die demokratische Gesellschaft unverzichtbar. Denn »wenn die Gesellschaft *das* verliert, wenn sie *diese* Form der Beziehungsmöglichkeit vergisst, dann ist sie endgültig erledigt.«[38]

Von Hartmut Rosas soziologischer Betrachtung her braucht die Demokratie also notwendig Religion – und für diese wiederum ist das Resonanzversprechen kennzeichnend, das sich im Gebetsphänomen beispielhaft aus-

---

37 Ebd., 71.
38 Ebd., 74.

drückt. Vertikale Resonanz wird erlebt und erfahren im Gebet. So gesehen braucht auch die Demokratie das Gebet. Und es ist kein Zufall, dass in der erstmals 1985 veröffentlichten »Demokratiedenkschrift« der Evangelischen Kirche in Deutschland gesagt wird: »In der Fürbitte begleitet die Kirche den weltlichen Auftrag des Staates auf geistliche Weise.«[39]

Ich belasse es bei diesen Hinweisen. Sie sollen nur zeigen: Auch aus soziologischer Sicht ist das religiöse Phänomen des Gebets von Interesse. Es gibt nämlich Gebete. Und sie sind nicht nur für die Religion selbst, sondern auch für die sie umgebende Gesellschaft relevant.

3 Formale Merkmale von Gebeten: Akthaftigkeit, Relationalität und Personalität

Gebete gibt es also. Sie sind empirisch erfassbar und werden soziologisch als relevant eingeschätzt. Allerdings: Soweit wir dies wissen, beten *nur* Menschen. Tiere und Pflanzen tun dies offenbar nicht. Unbelebte Materie kann es nicht tun. Ob Aliens beten, die auf fremden Planeten in Millionen von Lichtjahren Entfernung leben könnten, das wissen wir erst recht nicht. Auch Gott betet nicht – wenn es ihn denn gibt. Vielmehr beten Menschen – zu Gott, zu Allah, zu Göttern, manche auch zu Maria oder zu Heiligen. Normalerweise aber gilt: Menschen beten zu Gott oder Göttern, Christenmenschen beten zu Gott.

Damit ist schon eine erste formale Phänomenologie des Gebetes gegeben:
- Das Gebet ist ein *Akt bzw. eine Handlung von Menschen.*
- Dieser Akt hat eine *relationale Struktur*: A (ein Mensch)

---

[39] Evangelische Kirche in Deutschland (Hg.): Evangelische Kirche und freiheitliche Demokratie, 45.

betet zu G (Gott). Das Gebet oder Beten ist also ein relationales Phänomen.

Wobei aus atheistischer Sicht keine Relation existiert, da Gott nicht existiert. Dennoch würden auch Atheisten das Gebet als einen Akt des Menschen beschreiben, nur eben nicht als einen relationalen Akt, es sei denn in der Relation der bloßen Selbstbezüglichkeit.
- In aller Regel wird der relationale Akt des Gebets beschrieben als *ein Akt der Äußerung*. Dabei kann es sich um einen Denk- oder einen Sprechakt handeln, ein Aufschrei oder ein Seufzen sein, in Form von Bewegungen (Gestik, Falten der Hände oder Ausbreiten der Arme, Knien, Anzünden einer Kerze) oder aber in Gestalt eines Liedes artikuliert werden.[40] In der evangelischen Theologie besteht keine Einigkeit, ob ein Gebet in Worte gefasst sein müsse.[41]
- Der relationale Akt der Äußerung im Gebet richtet sich an einen Zielpunkt, eine Adresse, ein Relat, das häufig, ja meistens, als *ein personales Gegenüber* vorgestellt wird. Gott und Götter werden ja meistens als Personen gedacht. Natürlich nicht als gleichwertige Personen, sondern als Personen mit einer überlegenen Kenntnis und Macht.

Kann Gott aber überhaupt als eine »Person« gedacht werden, wie dies für die traditionelle und klassische Gebetsvor-

---

40 »Komm, Herr, segne uns!« (Evangelisches Gesangbuch, 170) ist ein Lied, das zugleich ein Gebet darstellt. Die Psalmen, das klassische Gebets- und Liederbuch Israels, sind ebenso häufig beides.
41 So argumentiert etwa Dietrich Ritschl, nur die verbale Form des Gebets sei anzuerkennen, denn in ihr spiegele sich die Einsicht, dass Gottes Wirklichkeit in seiner »Story« mit den Menschen zu finden sei. Vgl. DIETRICH RITSCHL: Zur Logik der Theologie, 332. Man wird dieser Argumentation nur zustimmen können, wenn man das »Story«-Konzept des Autors mit all seinen Implikationen bejaht.

stellung offenbar unumgänglich ist?[42] Paul Tillich hat dafür ein Argument geliefert: »»Persönlicher Gott« bedeutet nicht, dass Gott eine Person ist. Es bedeutet, dass Gott der Grund alles Personhaften ist und in sich die ontologische Macht des Personhaften trägt. Er ist nicht eine Person, aber er ist auch nicht weniger als eine Person.«[43] Das Argument besagt somit in aller Kürze: Wenn Gott existiert[44] und der Grund aller Wirklichkeit und somit auch der Grund unseres Personseins ist – wie sollte er da »weniger«[45] sein können als eine Person? Damit ist nicht die Notwendigkeit bewiesen, aber immerhin die Möglichkeit aufgezeigt, dass Gott als Person gedacht werden kann. Wilfried Härle hat in seiner »Dogmatik« Tillichs Argumentation aufgenommen und weitergeführt. Er merkt zunächst an, wenn Tillich vom »Grund des Personhaften« spreche, sei damit keine »Ursache« unter anderen Ursachen im Kausalverhältnis der Welt gemeint –

---

[42] Klar ablehnend zu einer personalen Gottesvorstellung: Hartmut von Sass: Atheistisch glauben. Von Sass nennt ein persönliches Gottesbild »Theismus« und stellt ihm binär den »Atheismus« gegenüber. Das ist aber eine sehr verkürzte Landschaftsbeschreibung. Gott lässt sich auch deistisch, pantheistisch und panentheistisch denken. Zumindest letztere Auffassung ist mit dem Persongedanken vereinbar.

[43] Paul Tillich: Systematische Theologie, Bd. 1, 283. Tillich fügt hinzu, dass erst mit Kants Unterscheidung der durch physikalische Gesetze beherrschten Natur und der durch moralische Gesetze beherrschten Person die Anwendung des Personbegriffes auf Gott üblich wurde. (Vorher habe man das Wort »Person« eher zur Bezeichnung der innertrinitarischen »Hypostasen« verwendet, also von den »drei Personen« in Gott gesprochen. Auch diese Redeweise wird ja heute noch vielfach verwendet, häufig ohne die Problematik der Mehrdeutigkeit zu sehen, die sich daraus ergibt.)

[44] Ich lehne es nicht wie Tillich ab, von einer »Existenz Gottes« zu sprechen. Ob ich Gott als »Sein-selbst« oder als den Existierenden oder aber als den, den »es gibt« bezeichne, scheint mir im Wesentlichen synonym zu sein. Dass Tillich in der großen Ära der »Existenzphilosophie«, in welcher von »Existenz« meist nur im Blick auf den Menschen die Rede war, den Begriff anders belegte, ist theologiegeschichtlich verständlich. Aber man muss an dieser Restriktion nicht zwingend festhalten. »Existenz« kann auch logisch im Sinne des Existenzquantors aufgefasst werden oder in einem speziell theologischen Sinn wie bei Ingolf Ulrich Dalferth: Existenz Gottes und christlicher Glaube.

[45] Was heißt hierbei »weniger«?

sonst wäre Gott ein Seiendes unter anderen Seienden in dieser Welt. Die Rede von Gott als »Person« sei vielmehr in einem metaphorischen Sinne zu verstehen. Sie verbinde sich überdies mit einer transzendentalen Vorstellung Gottes, der zufolge Gott als Bedingung der Möglichkeit der personhaften Existenz von Menschen zu denken sei. Es handele sich daher um eine »*transzendentale* und damit *potenzierte Metapher*«[46].

Im Christentum legt sich diese Gebetsauffassung insbesondere durch das »Vaterunser« nahe, das auf Jesus zurückgehende christliche Ur- und Standardgebet. Denn »[...] die Vorstellung von Gott als dem Vater ist dem Kinde eine lebendige; es hat eine Analogie, woran es das, was ihm als Religiöses gegeben wird, sich veranschaulicht.«[47] Wer Gott als »Vater« anredet, der denkt ihn als Person, denn ein Vater ist immer auch eine Person – zudem eine Person, zu der seitens der Kinder eine unhintergehbare Beziehung besteht. *Zusammenfassend* kann man daher formal sagen, dass das Gebet ein Akt der Äußerung ist, in dem Menschen sich an einen Gott oder an Gottheiten wenden, wobei sie dem Relat der Gebetsrelation, also dem oder den Adressaten, einen personalen Status zuschreiben.[48]

Die Personalitäts-Unterstellung gegenüber Gott als dem Gebetsadressaten scheint mir keine intellektuelle Zumutung zu sein, wenn auch ein hochdekorierter Astrophysiker wie Heino Falcke dazu schreibt: »Für Physiker, die einen Kosmos voller Leben, Möglichkeiten und Multiversen denken können, scheint mir ein persönlicher Gott gerade kein unvernünftiger Gedanke – jedenfalls viel

---

46 WILFRIED HÄRLE: Dogmatik, 248–251, dort 250.
47 FRIEDRICH DANIEL ERNST SCHLEIERMACHER: Pädagogische Schriften I. Die Vorlesungen aus dem Jahre 1826 unter Mitwirkung von *Theodor Schulze*, 225.
48 Auch für Vincent Brümmer ist der Gedanke eines personalen Gottes nicht nur unproblematisch, sondern geradezu grundlegend. Vgl. VINCENT BRÜMMER: Was tun wir, wenn wir beten?

vernünftiger, als die Welt als programmierte Computersimulation zu begreifen, wie manche meiner Kollegen es heimlich tun. Nur weil viele Menschen seit Tausenden von Jahren an einen persönlichen Gott glauben, ist dieser Glaube nicht von vornherein abwegig.«[49]

Nach diesen Überlegungen möchte ich überleiten zu einem Versuch, das Phänomen des Gebets zu definieren.

---

49 HEINO FALCKE/JÖRG RÖMER: Licht im Dunkeln, 324, vgl. die Passage, 318–327.

IV. Auf dem Weg zu einer Definition des Gebets

1 Klassische Definitionsansätze: Friedrich Heiler, Wilfried Härle

Wie lassen sich Gebete definieren? Das scheint auf den ersten Blick nicht schwer zu sein. Eine gängige Formel lautet, Gebete seien ein »Reden mit Gott« oder »Gespräche mit Gott«. »[...] nach Jesu Meinung ist das Gebet ein Reden mit Gott«, umschreibt etwa Rudolf Bultmann das jesuanische Gebetsverständnis. Diese scheinbar so plausible Formel ist aber irreführend und verkürzend. Denn nicht alle Gebete bedienen sich des Mediums der »Sprache«, um mit dem Adressaten Gott zu kommunizieren. Manche Gebete bedienen sich der einfachen Körpersprache (Knien, Falten der Hände, Ausbreiten der Arme, Tanzen[50] usw.). Viele Gebete finden auch nur in Gedanken statt, ohne jemals in der Form von Worten geäußert zu werden. Und sicherlich ist das Gebet, auch wenn es sprachlich und gesprächsförmig gestaltet wird, kein Gespräch wie alle anderen. Denn der Gesprächspartner ist nicht empirisch feststellbar. Es gilt also: Reden: ja, Gespräch: ja – aber ganz offensichtlich weder Gespräch noch Reden im üblichen Sinn. In welchem aber sonst?

Ein klassischer Definitionsversuch stammt von Friedrich Heiler. Er definierte in seinem 1918/21 erstmals veröffentlichten Werk das Gebet als »Verkehr des Frommen

---

[50] Nicht nur im Sufismus, sondern auch im Christentum gab und gibt es Bedürfnisse, Gebete auch tänzerisch auszudrücken. Theologisch befürwortet hat das unter anderem *Gregor von Nazianz* (329–390 n. Chr.). Vgl. dazu RAINER VOLP: Liturgik, Band 2: Theorien und Gestaltung, 1119f. Volp meint überdies, das »Bewegungsverbot« habe neben dem »Bilderverbot« die Kirche in ein »kulturelles Ghetto« abgedrängt.

mit Gott«[51] und behauptete, das Gebet sei das »zentrale Phänomen von Religion«[52] überhaupt. Letzteres kann mit Blick etwa auf bestimmte Strömungen des Buddhismus durchaus bestritten werden. Ersteres aber bedarf der Konkretisierung. Was heißt »Verkehr« – ist dieser ein- oder zweiseitig zu verstehen? Und: Können nur die »Frommen« mit Gott »verkehren« – was heißt dabei »fromm«, wenn doch eine recht typische Gebetsbitte lautet: »Mach mich fromm« – und also unterstellt wird, dass man nicht immer schon fromm ist, sondern es erst noch werden muss? Heilers Formel merkt man an, dass sie mehr als hundert Jahre alt ist. Sie ist heute wohl auch deshalb nicht mehr sehr gut verwendbar, weil das Wort »Verkehr« inzwischen längst andere Konnotationen bekommen hat, die im Zusammenhang des Betens nicht gerade passend scheinen (Flug- oder Autoverkehr, Geschlechtsverkehr).[53]

Eine sehr viel modernere und genauere Definition des Gebets bietet Wilfried Härle an. Das Gebet ist ihm zufolge eine »symbolisierende Handlung des Menschen in Beziehung zu Gott«.[54] Schon das Adjektiv »symbolisierend« enthält eine wesentliche Präzisierung im Blick auf den Handlungsbegriff, denn es verweist auf den *Zeichencharakter*, der Gebeten zu eigen ist, ohne sich dabei auf sprachliche (verbale) Zeichen festzulegen. Gebete können sich auch nichtsprachlicher Zeichen bedienen und tun dies oft. Auch wird in Härles Definition das Gebet als ein *relationaler* Handlungsbegriff verstanden, bei dem die zwei Relate,

---

51   Seine Definition lautet: »Das Gebet ist also ein lebendiger Verkehr des Frommen mit dem persönlich gedachten und als gegenwärtig erlebten Gott [...]« (FRIEDRICH HEILER: Das Gebet, 491).
52   Ebd., 1–4.
53   Nur am Rande sei vermerkt, dass noch *Otto Weber* in seiner Übersetzung von Calvins »Institutio« das Gebet als »Verkehr des Menschen mit Gott« definiert hat. Vgl. JOHANNES CALVIN: Unterricht in der christlichen Religion, Institutio Christianae Religionis [1559], 564 (III, 20, 2).
54   WILFRIED HÄRLE: »Den Mantel weit ausbreiten«, 231–247, dort 231–236.

die durch die Handlung verbunden sind, durch ein *Konstitutionsgefälle* gekennzeichnet sind: Denn das eine Relat (Gott) ist der allmächtige Schöpfer der Welt, das andere Relat (der Mensch) ist eines seiner Geschöpfe – und zwar dasjenige Geschöpf, dem unter allen irdischen Geschöpfen allein die Gebetsfähigkeit zugeordnet wird.

Menschen sind es, die zu Gott beten – aber betet Gott auch zu Menschen? Dies kann man selbst dann nicht bejahen, wenn man davon ausgeht, dass Gott den Menschen im Gebet antwortet oder durch sein Wort zu ihnen spricht. Dem Gebet eignet trotz seines dialogischen Charakters eine Asymmetrie, die wesentlich für es ist. Menschen reden Gott in ihren Gebeten an und erhoffen sich, dass er sie »hört«, ihnen antwortet und ihre Gebete unter Umständen auch »erhört«. Die Betenden unterstellen dabei, dass es Gott gibt, und die Theologie teilt diese Auffassung. Wissenschaftstheoretisch gesehen kann es sich dabei nur um eine Hypothese handeln. Für die Betenden selbst aber ist der Modus der Gewissheit entscheidend. Diese Gewissheit ist dem Glauben zu eigen, auch wenn sie durch Zweifel angefochten werden kann.

Definiert man im Anschluss an die obige formale Analyse des Gebets und im Einklang mit Wilfried Härles Begriffsbestimmung ein Gebet als »symbolisierende Handlung des Menschen in Beziehung zu Gott«, dann ist deutlich, dass es sich dabei einerseits um ein empirisches Phänomen, andererseits um ein transempirisches Phänomen handelt. Denn der Mensch und sein (symbolisierendes) Handeln sind zweifellos empirische Phänomene, Gott aber ist ein transempirisches Phänomen.

Vielleicht ist aber auch Wilfried Härles Definitionsversuch des Gebetes noch nicht präzise und ausführlich genug, da ihm zufolge das Gebet eine bloß *zweistellige* Relation darstellt. So plausibel es zunächst erscheinen mag, das Gebetsphänomen auf die beiden Relate »Mensch« und

»Gott« zu beziehen – diese Bestimmung könnte doch noch unvollständig und zu abstrakt sein. Darauf weist Sibylle Rolf in einem wichtigen Aufsatz hin: »Zu dieser zweistelligen Beziehung zwischen Mensch und Gott tritt als *drittes* das Gebetsanliegen hinzu, das im Gebet ausgesprochen und vorgebracht wird: Dank, Lob, Klage oder Bitte.«[55] Daher lege ich im konsequenten Anschluss an Härle und Rolf hier noch einen weiteren Definitionsversuch vor und stelle ihn zur Diskussion.

2 Das Gebet als dreistellige Relation

Mein an Wilfried Härle und Sibylle Rolf anknüpfender Vorschlag lautet, Gebete grundsätzlich als *dreistellige Relationen* zu verstehen. In ihnen kommen vor: der Mensch (R1), Wirkliches bzw. die Wirklichkeit (R2) und Gott als der liebevolle Schöpfer der Wirklichkeit und des Menschen (R3). Die Formel würde dann lauten:

Das Gebet ist eine symbolisierende Handlung des Menschen (R1) im Hinblick auf Wirkliches bzw. die Wirklichkeit im Ganzen (R2) und in Beziehung zu Gott als dem liebevollen Schöpfer der Wirklichkeit und des Menschen (R3).

Wichtig ist mir bei dieser Formulierung, dass *der »Hinblick«* auf Wirkliches und Wirklichkeit auch *selbst eine Relation* darstellt, und zwar eine, auf die im Gebet nicht verzichtet werden und von der nicht abstrahiert werden kann. Denn eine Definition, die auf R2 verzichtete, würde den Menschen losgelöst und unabhängig vom Kontext der Wirklichkeit deuten, in der er existiert und von der er ein (winziger) Teil ist. Auch Gott selbst als liebevoller Schöpfer nicht nur des Menschen, sondern der Wirklichkeit im Ganzen würde nur abstrakt wahrgenommen, wenn er im

---

55 Sibylle Rolf: Wie können wir heute beten? 187–201, dort 188.

Gebet nur im Blick auf den betenden Menschen und nicht im Blick auf die Schöpfungswirklichkeit betrachtet würde, zu welcher der Mensch gehört. Es sind deshalb die Inhalte der Gebete, die eine Abstraktion verbieten: Denn wer Gott lobt und dankt, dankt und lobt ihn für seine Werke, die sich in der von ihm geschaffenen Welt ereignet haben. Wer ihm Klagen vorträgt oder Bitten formuliert, der bezieht sich ebenfalls auf Aspekte der kosmischen, globalen und sozialen Wirklichkeit.

Denn Menschen *loben* Gott *wegen* einer Erfahrung, die sie mit Wirklichem bzw. der Wirklichkeit im Ganzen gemacht haben. Oder sie *klagen über* etwas in der Wirklichkeit, das sie traurig macht, verletzt oder bestürzt hat. Menschen *danken für* eine Erfahrung, die sie mit Wirklichem bzw. der Wirklichkeit im Ganzen gemacht haben. Oder sie *bitten um* etwas, das ihnen oder anderen fehlt und das sie von Herzen erhoffen oder wünschen. Menschen können Gott im Gebet auch *von etwas erzählen,* das sie beschäftigt und ihnen wichtig ist oder zu denken gibt. Wo auch immer Gebete konkret werden, da transzendieren sie die Belange eines solipsistisch zu denkenden Individuums oder auch einer geschlossenen Menschengruppe und richten sich auf Wirkliches oder sogar die Wirklichkeit im Ganzen.

Das »Vaterunser« bietet dafür einige klare Belege. Schon die inklusive »Wir-Form« dieses Gebetes richtet den Blick über den Einzelnen hinaus. Das Kommen des Reiches Gottes, das Geschehen des Willens Gottes werden erbeten – im Blick auf »Himmel und Erde«, also das Ganze der Schöpfung. Erbeten werden darin auch ganz irdische Güter, materiell festzumachen an dem »Brot« für den einen, den heutigen Tag, aber auch immaterielle Güter wie die Vergebung der Schuld und die Erlösung vom Bösen.

Das Phänomen der Fürbitte als eine spezielle Form der Bitte ist ein besonders deutliches Indiz dafür, dass Gebete sich auf Wirkliches bzw. die Wirklichkeit im Ganzen beziehen. In Fürbittgebeten wird sehr viel konkretes Wirkliches in den Blick genommen, immer aber solches, das außerhalb der Person des oder der Betenden selbst liegt. Dabei lässt sich das fundamental asymmetrische Verhältnis der drei Relate R1, R2 und R3 vorläufig so näher bestimmen, dass Gott eben der Schöpfer alles Wirklichen und der Wirklichkeit im Ganzen ist, von welcher der Mensch wiederum einen winzigen Teil darstellt.

Versteht man Gebete als irreduzibel dreistellige Relationen, dann sind sie alles andere als abstrakt. Sie sind dann sehr konkrete empirische und zugleich transempirische Phänomene, die nicht nur einer relationsontologischen Interpretation offenstehen, sondern auch die Frage aufwerfen können, ob sie nicht ohnehin das Ganze der Beziehung von Mensch und Gott umfassen und daher mit dem Glauben selbst identisch sind. Davon soll das nächste Kapitel handeln.

3 Gebet und Glaube: Martin Luther und Friedrich Schleiermacher

Bereits bei Martin Luther (1483-1546) findet sich die (rhetorisch gemeinte) Frage, ob der Glaube denn etwas anderes sein könne »als eitel Gebet«[56]. Die Auffassung einer möglichen Identität von Glaube und Gebet vertreten aber auch andere Theologinnen und Theologen. Exemplarisch seien hier Friedrich Daniel Ernst Schleiermacher (1768-1834) und Wilfried Härle (geb. 1941) genannt. »Fromm sein und beten, das ist eigentlich eins und dasselbe«, mit diesem Schleiermacher-Zitat knüpft Härle an dessen Glaubens- und Gebetsverständnis an.[57] Mit der Berufung auch auf

---

56 MARTIN LUTHER, WA 8, 360, 29.
57 WILFRIED HÄRLE: Vertrauenssache. 50-55, dort 50. Schleiermachers prägnanter Satz ist einer Predigt aus dem Jahr 1801 entnommen.

Luther skizziert Härle zum einen den Glauben als ein existenztragendes und -bestimmendes Vertrauen zu Gott[58] – dieser Sicht des (religiösen) Glaubens schließe ich mich hier ausdrücklich an. Zum anderen skizziert er das Gebet nicht als einen einzelnen Akt des Menschen oder als die Summe von Gebetsakten im Laufe eines Lebens, sondern als eine das Leben kontinuierlich bestimmende *Haltung* des Menschen, die in einzelnen Gebetsakten zum Ausdruck komme.

Ohne Zweifel gehören Glaube und Gebet im christlichen Verständnis eng zueinander. Mir ist jedenfalls nicht bekannt, dass ein Glaubender diese Zusammengehörigkeit leugnen würde. Wer Grund hat, Gott zu vertrauen, der betet auch zu ihm. Und wer zu Gott betet, der hat auch Vertrauen zu ihm. Insbesondere wenn ich das Gebet als eine Haltung und nicht bloß als einen einzelnen Akt oder die Summe einzelner Akte verstehe, dann ist die Nähe beider Phänomene plausibel. Aber sind sie auch im strengen Sinne identisch? Ist nicht der Glaube an oder das Vertrauen zu Gott noch tiefer in der menschlichen Existenz verankert als die Haltung des Gebets oder gar dessen einzelne Akte? Und kann das Gebet eine kontinuierlich in einem Menschen vorhandene Haltung sein? Etwa im Sinne eines fortwährenden, kontinuierlichen Sich-Adressierens an Gott? Oder ist diese Sichtweise überzogen? Dagegen spricht jedenfalls, dass es Zeiten im Leben der Menschen gibt, in denen sie nicht beten. In denen das Gebet »schweigt«. In

---

58 Härle benennt als Zentralaussage seines Buches die These: »*Glaube im christlichen Sinne ist Vertrauen auf Gott.*« Ebd., 13, 18, 87). Unbeschadet bestimmter konfessioneller Differenzierungen und Variationen halte ich diese These für zutreffend. Die klassische Dogmatik nennt ein solches Glaubensverständnis »fiduzial« und unterscheidet am Glauben die drei Elemente »notitia« (Kenntnisnahme), »assensus« (Zustimmung) und »fiducia« (eben: Vertrauen) voneinander, wobei nur dieses letzte Element das Wesen des christlichen Glaubens bezeichnen kann.

denen sie noch nicht (als Säuglinge und Kleinkinder), zeitweise nicht (wenn sie schlafen, wenn ihr Leben durch andere Themen bestimmt ist oder weil sie nicht die rechten Gedanken oder Worte finden) oder gar nicht mehr beten können oder wollen. Man muss offenbar sowohl beten *können* als es auch *wollen*. Von selbst betet niemand, es gibt, soweit wir wissen, kein »religiöses Apriori« im menschlichen Leben. Selbst Christenmenschen beten nicht immer – manchmal oder oft oder sogar immer öfter. Aber eben nicht immer. Sie beten zu einem bestimmten Zeitpunkt t_x – oder besser gesagt, in bestimmten, eingegrenzten Zeiträumen $t_x\text{-}t_{x+y}$.[59]

Von Eilert Herms stammt die basale These: »Das Gebet ist nicht das Fundament, sondern ein Ausdruck des menschlichen Gottesverhältnisses.«[60] Auch Herms steht natürlich in der Tradition Friedrich Schleiermachers. Aber mir scheint, dass er dessen Ansatz anders auslegt, wenn er von einem fundamentalen Gottesverhältnis ausgeht, das sich in verschiedenen Weisen ausdrückt – nur unter anderem in der Form des Gebets. Ich halte es an dieser Stelle für naheliegender, Glauben und Vertrauen zwar als menschliche Urakte zu verstehen, die ganz tief in unserer Seele verankert sind und sich im religiösen Sinne auf Gott richten können. Aber sie machen das Beten oder Gebet sowohl als menschliche Grundhaltung wie auch in einzelnen Akten überhaupt erst möglich. Denn auch wenn man mitunter Vertrauen *wagen* muss, so kann man es doch

---

59 Eine kleine Illustration: Als *Joseph Ratzinger* noch Präfekt der Glaubenskongregation war, führte er ein regelmäßiges Gespräch mit *Papst Johannes Paul II.* Der Journalist Peter Seewald wollte wissen, ob diese Gespräche jeweils mit einem Gebet eröffnet würden. Ratzinger antwortete ihm ehrlich und bescheiden: »Nein, ich muss leider gestehen, das tun wir nicht; wir setzen uns miteinander an den Tisch.« (JOSEPH KARDINAL RATZINGER: »Salz der Erde«: Christentum und katholische Kirche im neuen Jahrtausend, 9)

60 EILERT HERMS: Was geschieht, wenn Christen beten?, 517–531, dort 517–520.

nicht *wollen* – Beten aber muss man sowohl *können* als auch *wollen*. Man kann sich dafür oder dagegen *in Freiheit* entscheiden.

4 Gebet und Gottesdienst

Eine ähnliche Nähe wie zum Glauben weist das Phänomen des Gebets zum Gottesdienst auf. Ein Gottesdienst ohne das Beten, ohne die Haltung des Betens und ohne Gebetshandlungen ist für Christenmenschen schwer vorstellbar. Im Gottesdienst steht: »[...] der Dialog mit Gott, die betende Haltung [...]«[61] im Vordergrund. Vielleicht kann man auch sagen: »Die Spiritualität der Christenmenschen besteht vor allem im Gebet, nicht nur in jedem Gottesdienst, sondern ebenso im Alltag [...]«[62]. Aus beiden Aussagen lässt sich aber keinesfalls auf die Identität von Gottesdienst und Gebet schließen.

Während in der römisch-katholischen und in der orthodoxen Kirche dem Mahlteil, der Eucharistie, im Rahmen des Gottesdienstes die entscheidende Rolle zukommt, versteht die evangelische Kirche überwiegend die »Predigt von Christus als Schwerpunkt des Gottesdienstes«[63]. Wie verhält sich das Gebet nun zur Predigt? Sicherlich kann die Haltung des Betens die Predigt durchgängig begleiten, sei es bei der predigenden Person oder bei den Personen, die der Predigt folgen. Aber in aller Regel wird die Predigt *nicht selbst* ein Gebetstext bzw. ein Gebet sein. Aus stilistischen Gründen mag das in der einen oder anderen Predigt anders gestaltet werden, aber schon die *Anrede* der Predigt

---

[61] EVANGELISCHE KIRCHE IN DEUTSCHLAND (Hg.): Der Gottesdienst, 41, zum Gebet insgesamt: 41–44.
[62] Ebd., 93.
[63] ANDREAS BRUMMER/MANFRED KIESSIG/MARTIN ROTHGANGEL (Hgg.): Evangelischer Erwachsenenkatechismus, 746.

lautet »Liebe Gemeinde« und macht somit deutlich, dass die Predigtperson die versammelte Gemeinde anspricht und in *diesem* Teil des Gottesdienstes nicht Gott selbst. In der Predigt wird *von* oder *über* Gott geredet, aber nicht *zu* ihm. In der Predigt-Ausbildung steht daher das sogenannte »homiletische Dreieck« im Mittelpunkt, das aus den Eckpunkten »Prediger/in – Text – Gemeinde« besteht. Dieses Dreieck wird in der Ausbildung bewusst nicht um den Eckpunkt »Gott« zu einem Quadrat ausgebaut, da Gott nicht »methodisierbar« ist – er ist vielmehr im Dreieck selbst und in seinen Eckpunkten überall schon auf unverfügbare Weise präsent.

Im evangelischen Gottesdienst, in dem die Predigt den »Schwerpunkt« bildet, kommt das Gebet und kommen Gebete zwar notwendig vor, sie machen aber auf keinen Fall das Ganze und eben auch nicht das Herzstück des Gottesdienstes aus. Das Vaterunser, das Fürbittengebet, die Segensbitte sind nur drei besonders wichtige Gebetsteile in den evangelischen Gottesdiensten, die hier exemplarisch genannt seien. Zur Predigt sollte hier vielleicht noch der Hinweis ergänzt werden, dass sie in ihrer Absicht falsch verstanden wäre, würde man sie wie in vergangenen Jahrhunderten als Belehrung, als moralische Ermahnung oder als Bekehrungsaufruf sehen. Sie sollte vielmehr eine freundlich einladende, lebensweltbezogene und argumentierende Form der »Kommunikation des Evangeliums« (Ernst Lange) sein. Wenn sie so gedacht und praktiziert wird, dann wird sie zwanglos auch mit Gebeten verbunden sein und ebenso wie diese ein organischer Teil des »Gesamtkunstwerks« (Schleiermacher) Gottesdienst sein. Der Gottesdienst insgesamt besteht aber nicht nur aus Gebeten – so unentbehrlich diese auch im Rahmen des Gesamtkunstwerkes sein mögen.

5 Gebet und Gotteslehre: Gerhard Ebeling

Es ist alles andere als selbstverständlich, dass ein Theologe das Gebet als einen oder sogar als *den* Schlüssel zur Lehre von Gott betrachtet. Gerhard Ebeling hat in seiner Dogmatik genau diese Ausgangsentscheidung getroffen.[64] Das macht ihr besonderes Profil aus und ist deshalb für unser Thema von Interesse.[65] Sibylle Rolf meint sogar, hinter Ebelings Verständnis des Gebets als »hermeneutischer Schlüssel« zur Gotteslehre könne künftig »[...] nicht mehr zurückgegangen werden«[66].

Zunächst die Frage: Warum ist das eigentlich nicht selbstverständlich? Antwort: Betrachtet man andere, klassische Dogmatiken – vom 17. bis zum 20. Jahrhundert, von Leonhard Hutters barockem »Kompendium« der Theologie bis hin zu Karl Barths »Kirchlicher Dogmatik« oder Paul Tillichs »Systematischer Theologie« –, so wird man feststellen, dass zumeist eine Lehre von der Offenbarung Gottes am Anfang der Lehre von Gott steht. Ob dabei das Wort Gottes in der Heiligen Schrift oder in Jesus Christus oder in der gottesdienstlichen Predigt oder Verkündigung[67] gesehen wird, ist eine andere Frage. Das Gebet ist jedenfalls eine sehr naheliegende und sinnvolle Antwort auf die als Anrede erlebte Offenbarung Gottes – neben dem Hören auf die Schrift, dem Bekenntnis des eigenen Glaubens, der vernünftigen Reflexion von Glaubensinhalten oder der ganz und gar praktischen Nächstenliebe.

---

64 GERHARD EBELING: Dogmatik des christlichen Glaubens, Bd. 1, §9, 192–244.
65 Eine interessante Parallele findet sich aber etwa bei HANS-GEORG FRITZSCHE: Lehrbuch der Dogmatik, Teil II: Lehre von Gott und der Schöpfung. Fritzsche schreibt: »Die Dogmatik als solche wurzelt, ja geschieht im Gebet [...]« (Ebd., 389).
66 SIBYLLE ROLF: »Wie können wir heute beten?«, 188, Anm. 3.
67 Oder in der als »Ur-Offenbarung« verstandenen Natur oder in Werken der religiösen Kunst oder Musik.

Wer aber das Gebet selbst an den Anfang der Gotteslehre stellt, der lässt dabei offen, ob es eine Antwort darstellt oder vielmehr eine Frage. Wer das Gebet als Ausgangspunkt des Nachdenkens über Gott wählt, der setzt nicht schon ein Handeln Gottes, nicht schon eine gegebene Offenbarung oder einen Offenbarungsbegriff voraus, nicht einmal eine zuvor schon gehabte Erfahrung Gottes, sondern lediglich (und das ist sehr bescheiden!) eine Suche nach Gott, eine Sehnsucht nach ihm. Wer betet und also Gott anredet, der ist offen für ihn, hofft auf eine Kommunikation mit ihm, ersehnt sich eine Antwort. Gebete sind also nicht schon Gespräche mit Gott, sondern zuallererst ein Sprechen zu Gott. Wer *für Gott offen* ist, der kann ihn möglicherweise erfahren, kann seine Offenbarung möglicherweise erleben und sie möglicherweise dann auch hinreichend deuten und verstehen. Genau deshalb kann das Gebet als »hermeneutischer Schlüssel« für die Gotteslehre fungieren. Es bewährt sich nämlich »[...] in der Hinsicht als hermeneutischer Schlüssel, dass es die Interpretationsanweisung gibt, das, was über Gott ausgesagt wird, auf diejenige Konfrontation mit der Weltwirklichkeit zurückzuführen, aus der solche Gottesprädikationen hervorgegangen sind. Man könnte auch sagen: Für die Art, wie die Gotteslehre vom Sein Gottes und von seinen Attributen spricht, bedeutet es eine entscheidende Verstehenshilfe, all dies in die Sprache des Gebets zurückzuübersetzen.«[68]

Wer wie Gerhard Ebeling das Gebet als Ausgangspunkt der Gotteslehre wählt, der ist daher sowohl bescheiden als auch Lebenswelt- bzw. Praxis-orientiert. Und vielleicht ist genau diese bescheidene Orientierung am Gebet als *Phänomen der Lebenswelt* in der Gegenwart auch angemessen. Wer sich dagegen ausschließlich auf seine eigene, notwen-

---

68 GERHARD EBELING: Dogmatik des christlichen Glaubens, Bd. I, 210. Vgl. auch 193.

dig subjektive Erfahrung Gottes oder aber auf eine oder gar die (scheinbar) »objektive« Offenbarung Gottes beruft, der ist unbescheidener und entfernt sich von möglicher Intersubjektivität. Denn er erhebt damit einen Anspruch, den er selbst nicht für eine andere Person einlösen kann. Die Existenz Gottes, sein Sein oder Handeln, ist ja nicht verifizierbar.[69] Gott selbst ist und bleibt für uns unverfügbar. Es gibt – nach allem, was wir heute wissen – kein »religiöses Apriori« in uns Menschen. Aber die *Frage nach Gott*, die *Möglichkeit, ihn zu suchen,* oder die Erfahrung, *uns nach Gott sehnen zu können,* das alles gibt es sehr wohl und lässt sich auch empirisch nachweisen. Daher ist für religionsferne Menschen unserer Zeit, für die Gott jedenfalls alles andere als selbstverständlich ist, der Gedanke möglicherweise hilfreich, das Gebet als eine Anrede an Gott zugleich zum Ausgangspunkt einer Lehre von ihm zu nehmen.

Gerhard Ebeling zufolge spricht vor allem ein weiteres Argument für den von ihm gewählten Zugang. Denn vom Gebet aus (als Anrede an Gott verstanden) auf Gott zuzugehen, denkt die Wirklichkeit notwendig als eine *relationale*. Ebelings Wirklichkeitsverständnis, seine Ontologie, ist daher durch und durch relational konzipiert. Eine Substanzontologie weist er ab, nur eine relationale und dynamische Ontologie sei seinem Ansatz angemessen.[70] Auch

---

69 Allenfalls im Sinne einer »eschatologischen Verifikation« durch Gott selbst. Gerhard Ebeling spricht dagegen etwas unscharf von »Lebenswahrheit« und suggeriert, es gebe, was das Glaubensleben anbetrifft, Verifikationsmöglichkeiten im irdischen Leben. Diese Auffassung teile ich nicht und plädiere wie Pannenberg, Dalferth und Härle dafür, den Begriff der »Verifikation« streng zu fassen und für die Wahrheitserschließung im Eschaton zu reservieren.

70 Der *Unterschied von Substanz- und Relationsontologie* sei hier vorläufig wie folgt gefasst: (1) Eine Substanzontologie denkt die elementaren Strukturen der Wirklichkeit atomar, die Relationsontologie denkt sie molekular. (2) Substanzontologisch lassen sich die einzelnen Strukturen der Wirklichkeit je für sich und unverbunden mit anderen erschöpfend analysieren – eben das ist relationsontologisch gesehen nicht

dynamisch muss diese Ontologie gedacht werden, denn ob ein Mensch sich im Gebet an Gott wendet und wie er dies tut, ist ebenso offen wie die Antwort Gottes. Gebete aber, wo sie sich ereignen, haben für viele Menschen eine existentielle Kraft (Dynamis). Die Möglichkeit, eine relational-dynamische Ontologie zu entfalten, stellt ein wichtiges Argument für Ebelings dogmatischen Zugang dar. Relationsontologische Konzeptionen, etwa die von Wilfried Härle, die von Sibylle Rolf oder die von mir in diesem Buch vorgeschlagene[71], verdanken Ebelings systematisch-theologischem Vorstoß daher sehr viel. Natürlich sind auch andere theologische Positionen daran anschlussfähig.[72] Ebenso ist Hartmut Rosas soziologische Interpretation von Religion als einem »vertikalen Resonanzversprechen« und die damit verbundene Auffassung vom Gebet als Ausdruck einer lebendigen, dynamischen Resonanzbeziehung mit allen relationsontologischen Denkansätzen zwanglos vereinbar. Ein interessanter Nebengedanke auf der Grundlage einer dreistelligen Gebetsinterpretation: Die vertikale Resonanz müsste in einem solchen Konzept umfassender gedacht (Mensch-Gott-Wirklichkeit) und mit einer horizontalen Resonanz (zwischen Mensch und Wirklichkeit) verbunden werden.

---

denkbar. (3) Substanzontologie geht von einer wesenhaften Unveränderlichkeit der Wirklichkeitsstrukturen aus, Relationsontologie dagegen denkt diese Strukturen als fluide, ereignishaft, in Veränderung begriffen.

71 In dem skizzierten Sinn einer 3-stelligen Relation von Mensch, Welt/ Wirklichkeit und Gott.

72 Etwa die von HARTMUT VON SASS, der dafür plädiert, »künftige Traktate über Gott« mit dem Gebet zu beginnen. Vgl. ders.: Atheistisch glauben, 132. Dass die Gebetslehre *das Einzige* beinhalte, was man über Gott überhaupt (!) sagen könne, würde ich aber nicht unterschreiben.

V. Die Relate der Gebetsrelation: Menschen, Wirklichkeit, Gott

1 Wie Gebete ein Leben prägen und verändern können

Es sind wir Menschen, die beten. Und Gebete können unser Leben sowohl prägen als auch verändern und haben dies schon oft getan. Eine der vielen Geschichten, die hierzu erzählt werden können, stammt von Jürgen Moltmann (geb. 1927). Moltmann zählt zu den größten deutschsprachigen Theologen des 20. (und 21.) Jahrhunderts. Er gilt als ein Schüler Karl Barths und bezeichnet sich auch selbst so. Die Trinitätslehre, die er in einem eigenständigen Sinne interpretiert (indem er – anders als sein Lehrer Barth – das »filioque« gerade ablehnt und hierin der orthodoxen Kirche gegenüber der römisch-katholischen und evangelischen Christenheit Recht gibt), bildet für viele seiner theologischen Schlussfolgerungen den unumgänglichen Ausgangspunkt. Er scheint also ganz auf das Dogma, auf die objektive kirchliche Lehre, zu setzen und von ihr her eine im Einzelnen sozial ausgerichtete und schöpfungssensible materiale Theologie zu entwickeln, die er ähnlich wie Wolfgang Huber und Heinrich Bedford-Strohm als »öffentliche Theologie« (public theology) bezeichnet. Aber in einer seiner späteren Veröffentlichungen verweist er auf sehr persönliche biographische Erfahrungen, die seinen Lebensweg geprägt haben. Im Zweiten Weltkrieg fand er, der von zu Hause aus eigentlich keinen originären Zugang zum Christsein gehabt hatte, zu einem engagierten und dann auch denkerisch ausgestalteten Glauben und zu einer theologischen Existenz:

»Für mich begann der christliche Glaube mit einem verzweifelten Suchen nach Gott und einem persönlichen Ringen mit den dunklen Seiten des ›verborgenen Angesichtes‹ Gottes. Als Luftwaffenhelfer erlebte ich Ende Juli 1943 die Zerstörung meiner Heimatstadt Hamburg durch die ›Operation Gomorrah‹ der RAF [hier ist die britische *Royal Air Force* gemeint, nicht die spätere *Rote Armee Fraktion*, EMP] und überlebte nur knapp den Feuersturm, in dem 40.000 Menschen verbrannten. Der Freund, der neben mir stand, wurde durch die Bombe zerrissen, die mich verschonte. Ich komme aus einer säkularen Familie, aber in der Nacht habe ich zum ersten Mal nach Gott geschrien: ›Mein Gott, wo bist Du?‹, und die Frage: ›Warum bin ich am Leben und nicht tot wie die anderen?‹ hat mich seitdem verfolgt.«[73]

Ich muss gestehen, diese Erzählung Jürgen Moltmanns von den ganz persönlichen Ursprüngen seines christlichen Glaubens hat mich sehr beeindruckt – sehr viel mehr als seine sonstigen theologischen Veröffentlichungen und Denkwege, die mir vom Ansatz, nicht von den Ergebnissen her, stets fremd geblieben sind. Hier steht eine »Abgrunderfahrung« am Anfang des Glaubensweges und ein zutiefst ehrliches und bewegendes Gebet. Es beinhaltet eine Klage, eine Frage nach dem Sinn und vor allem die Frage danach, wo Gott zu finden sein könne mitten im Leiden. Es ist von daher sicher kein Zufall, dass das Symbol des Kreuzes und die Figur des Gekreuzigten in der Theologie Moltmanns eine sehr große Rolle spielen. Ebenso wenig kann verwundern, dass eine Philosophie der Hoffnung attraktiv finden muss, wer seinen Glauben aus einer Abgrunderfahrung heraus gewonnen hat – die Nähe zum Denken Ernst Blochs hat dann auch eine biographische und nicht bloß sachliche Plausibilität.

Für mich ist beeindruckend, wie die Lebens- und Denkgeschichte des Menschen Jürgen Moltmann von einer Gebetserfahrung geprägt wurde. Selbst bei »Offenbarungs-

---

73 JÜRGEN MOLTMANN: Erfahrungen theologischen Denkens, 19.

theologen« – deshalb habe ich Jürgen Moltmanns Beispiel ausgewählt! – hat die Theologie einen »Sitz im Leben« und geht die religiöse Erfahrung der Dogmatik voraus.

Wie man sieht, kann ein Gebet ein Leben prägen und verändern. Es gibt sehr viele Beispiele, die diese These belegen. Die wenigsten von ihnen betreffen Theologinnen oder Theologen. Manche klingen sogar viel zu schön, um wahr zu sein – etwa die Geschichte von Margaret Fishback Powers, der mutmaßlichen Autorin des Gedichts »Spuren im Sand«[74]. Aber es lohnt sich, nach solchen Geschichten Ausschau zu halten. Sie sind Material, aus dem der Glaube sich speisen und stärken kann.

2 Der reale Kontext aller Gebete: die Wirklichkeit

Als Menschen sind wir nach jüdischer, christlicher und islamischer Lehre Geschöpfe Gottes und als solche Teile der Wirklichkeit, die selbst der Inbegriff aller Geschöpfe Gottes ist. Wir stehen also der Wirklichkeit nicht in einem starren Sinne gegenüber wie die Schemata von *res cogitans und res extensa* oder *Subjekt und Objekt* zu suggerieren scheinen. Die Rede von einem »In-der-Welt-sein« (Heidegger) scheint demgegenüber auf den ersten Blick plausibler – ohne dass man deshalb Heideggers Existenzialontologie folgen müsste. Jedenfalls aber sind wir Teile dieser Welt, Teile der Wirklichkeit, die wir unbeholfen genug zu verstehen und zu erkennen versuchen.

Ein auch heute noch besonders leistungsfähiges Modell der Wirklichkeit im Ganzen, das von einer Reflexion auf die Erkenntnisfähigkeit des Menschen ausgeht, stammt von Immanuel Kant. Es besagt in aller Kürze: Der Mensch

---

74 MARGARET FISHBACK POWERS: Spuren im Sand.

als Subjekt richtet sich nach Maßgabe seiner Erkenntnisfähigkeit auf die Welt der Objekte als ihm sinnlich gegebenen Erscheinungen, die er mit Hilfe eines a priori gegebenen Kategorienapparates zu interpretieren versucht. Stoff und Formen, Formen der Sinnlichkeit und des Verstandes, Raum, Zeit und Kategorien werden so sinnvoll und logisch aufeinander bezogen und miteinander verknüpft. Was wir erhalten, ist die Gesamtheit dessen, was wir erkennen und wissen können. Diese Gesamtheit ist aber nur eine Teilmenge der ganzen Wirklichkeit. Denn es gibt *möglicherweise* auch einen Bereich der Wirklichkeit, der für unsere Erkenntnis nicht zugänglich ist. Das ist die Welt der »Dinge an sich«.[75]

Über die Thematik der »Dinge an sich« wurde bekanntlich in der Philosophiegeschichte heftig gestritten. Es gebe keine unerkennbare Weltwirklichkeit, meinten die unmittelbar an Kant anschließenden Denker wie Fichte, Schelling und Hegel – was Kant für das »Ding an sich« halte, sei in Wahrheit das sich seiner selbst bewusstwerdende Ich (Fichte), der Geist als die ursprüngliche Ganzheit der Natur (Schelling) oder der Geist, der sich in der Weltgeschichte entfalte und als das »Absolute« erscheine (Hegel). Ein halbes Jahrhundert später meinte Schopenhauer, er könne das »Ding an sich« mit dem dunkel-unbewussten »Willen« gleichsetzen, der in der Welt am Werk sei und sich hinter den »Vorstellungen« verberge, die wir uns von der Welt machen. Der materialistische Marxismus wiederum sah in der Materie das unhintergehbare Prinzip aller Wirklichkeit, und Friedrich Engels (1820–1895) nannte daher die Auffassung, es gebe »Dinge an sich«, eine »phi-

---

75 Kant nannte die »Dinge an sich« unerkennbar und erklärte, man könne lediglich negativ über sie aussagen, dass ihnen keine räumlichen, zeitlichen oder kategorialen Eigenschaften zukämen. Siehe IMMANUEL KANT: Kritik der reinen Vernunft [1781/1787], 73, 81, 83–85, 89, 321f, 493f [B 45, 56, 59, 62, 66, 332f, 522].

losophische Schrulle« und polemisierte: »Die schlagendste Widerlegung dieser wie aller anderen philosophischen Schrullen ist die Praxis, nämlich das Experiment und die Industrie.«[76] Einig sind sich diese heterogenen philosophischen Strömungen darin, dass sie alle behaupten, die Wirklichkeit sei prinzipiell in ihrem Wesen und in ihrer Totalität erkennbar. Es gebe keine unerkennbare Sphäre von »Dingen an sich«.

Zweierlei ist im Blick auf die Kritik an Kants diesbezüglicher Konzeption einzuräumen: (1) Sie ist vieldeutig, mindestens aber vier-deutig, wie Holm Tetens gezeigt hat.[77] Tetens rekonstruiert eine vierfache Möglichkeit, von einem »Ding an sich« zu sprechen, wobei jedenfalls drei dieser Denkmöglichkeiten logisch voneinander unabhängig sind, von Kant aber unbegründet kombiniert werden. (2) Selbstwidersprüchlich ist eine dieser »Lesarten«, wenn von den »Dingen an sich« einerseits ausgesagt wird, dass sie nicht in Raum und Zeit präsent seien und sich durch Kategorien nicht erkennen ließen, andererseits aber von ihnen ausgesagt wird, sie würden die Gegenstände der Erscheinung kausal (also im Sinne der Kategorie der Kausalität) mitbedingen. Entfernt man diese Lesart als einen Denkfehler Kants aus dem Denkgebäude, dann bleiben »Dinge an sich« möglich entweder als *Nicht-Erscheinungen*, also als Dinge, die unabhängig von der Art und Weise sind, wie wir sie sinnlich erfahren, *und/oder* als *Noumena*, also als sinnlich nicht wahrnehmbare, aber für einen anschauenden Verstand erkennbare Gegenstände.[78]

---

76 In: MEW Bd. 21, 276, hier zitiert nach einem Lehrbuch des Marxismus: Einführung in den dialektischen und historischen Materialismus, 45. Friedrich Engels meinte, die Wirklichkeit im Ganzen zutreffend verstanden zu haben, wenn er von einer dialektisch sich entfaltenden Materialität des Kosmos ausgehe, in der es letztlich keinerlei unerkennbare Phänomene geben könne.
77 Holm Tetens: Kants »Kritik der reinen Vernunft«, 180–184, dort 182.
78 Ebd., 182f.

Anerkennt man die Problematik der Vieldeutigkeit bei Kant und eliminiert man den gezeigten Fehler, dann bleibt die Existenz von »Dingen an sich« durchaus sinnvoll und denkmöglich.

Mir leuchtet der Gedanke sogar sehr ein, dass es in der Wirklichkeit im Ganzen, von der auch wir selbst ein kleiner Teil sind, solche Bereiche gibt, die wir bereits erkannt haben (W1), andere, die wir noch erkennen können oder werden (W2) und möglicherweise solche, die wir *niemals* erkennen werden (W3 = »Dinge an sich«). Mir scheint diese Auffassung wesentlich bescheidener und damit auch realistischer zu sein als die entgegengesetzte, dass wir die Weltwirklichkeit insgesamt und in allen Einzelheiten entweder schon erkannt haben oder irgendwann einmal werden erkennen können. Kant antwortet im Grund genommen auf die von ihm selbst formulierte Frage: *»Was können wir wissen?«* mit dem Satz: »Manches, vielleicht sogar vieles. Aber womöglich nicht alles.« – seine Gegner dagegen antworten im Grunde genommen: «Alles. Zu gegebener Zeit».[79]

Wenn ich Kants Modell also richtig verstehe (oder ihm jedenfalls in der von mir vereinfachten Weise eine mögliche Interpretation zugeordnet habe), dann sieht sein Bild der Wirklichkeit grob schematisiert wie folgt aus[80]:

---

79 In seiner letzten Publikation bekennt *Dieter Henrich* nochmals ausdrücklich seine Nähe zum Denken Immanuel Kants. Gerade Kants »Hintergrundannahme von einem ganz aus sich allein heraus zu verstehenden ›Ding‹« erachtet er als besonders wichtig, vgl. DIETER HENRICH: Furcht ist nicht in der Liebe, 65.

80 Ausgelassen habe ich dabei allerdings noch die Frage, wie Gott auf diese Wirklichkeit bezogen ist. Ich unterstelle hier lediglich, dass er als Schöpfer der gesamten Wirklichkeit in Betracht kommt, wie dies die drei monotheistischen Religionen glauben.

Die von Gott geschaffene Wirklichkeit

Subjekt S (erkenntnisfähiger Mensch)	Objekte O1 -> Ox (bereits erkannte Gegenstände der Erscheinungswelt)	Objekte Oy -> Oz (noch nicht erkannte, aber erkennbare Gegenstände der Erscheinungswelt)	»DAS« (»Dinge an sich«, also möglicherweise existierende Bereiche der Weltwirklichkeit, die für Menschen unerkennbar sind)
W_0	W_1	W_2	W_3

Das von mir hier rekonstruierte viergliedrige Modell ist meines Erachtens sowohl in einer »klassisch theistischen« als auch innerhalb einer deistischen, pantheistischen oder panentheistischen Theologie verwendbar. Selbst eine Ontologie, die keinen Bezug auf Gott nimmt, könnte die Wirklichkeit im Ganzen gemäß diesem Modell verstehen – sie würde lediglich die Existenz Gottes und den Schöpfungsgedanken verneinen.

Wie lässt sich Gott je nach theologischem Grundansatz diesem Modell zuordnen?

- Ein theistisch gedachter Gott steht der Wirklichkeit insgesamt gegenüber. Er kann aber auch (wunderhaft) in sie eingreifen.
- Ein deistisch gedachter Gott hat die Wirklichkeit zwar auch geschaffen und steht ihr ebenfalls gegenüber. Er greift jedoch nicht in sie ein.
- Ein pantheistisch gedachter Gott ist mit dieser Wirklichkeit in ihrem Werden identisch (»deus sive natura«).
- Ein panentheistisch gedachter Gott umgibt diese Wirklichkeit und schließt sie gleichsam »in sein göttliches Herz« ein.

Die unterschiedlichen Zuordnungsmöglichkeiten sind aber in folgenden Hinsichten miteinander vereinbar: Sie alle denken Gott als den Schöpfer der Weltwirklichkeit im Ganzen. Sie alle verstehen den Menschen als einen Teil dieser geschaffenen Wirklichkeit. Sie alle halten die Wirklichkeit mindestens in Teilen und Aspekten für erkennbar. Menschen sind damit grundsätzlich wahrheitsfähige Subjekte. Sie sind aber auch Subjekte, die sich zur Wirklichkeit im Ganzen und zu Gott als dem Schöpfer dieser Wirklichkeit verhalten können. *Eine* Möglichkeit, sich zu diesem Gott zu verhalten, ist das *Gebet*. Menschen sind also im Rahmen dieser Vorstellung von Wirklichkeit sowohl *wahrheits-* als auch *gebetsfähige* Geschöpfe. Und sie sind Geschöpfe, die sich ihrer eigenen Endlichkeit bewusst sind – auch im Blick auf die Möglichkeiten ihres Erkennens.

3 Gott als Gebets-Adressat

Jüdische, christliche und muslimische Menschen beten zu Gott, den sie alle als den Schöpfer der Welt verstehen. Sie nennen ihn Adonaj, Allah oder einfach »Gott« und haben noch viele andere Bezeichnungen für den Adressaten ihrer Gebete. Christinnen und Christen nennen den Gott, zu dem sie beten, nach ihrem auf Jesus zurückgeführten klassischen Mustergebet auch »Vater« (»Abba«) bzw. »Papa«, »Väterchen«, was den Kosenamen etwas genauer übersetzt. Wer einen Kosenamen verwendet, wie die Christenmenschen dies tun, der deutet damit an, dass er zu Gott in einer liebevollen Beziehung steht. Nach christlicher Auffassung ist Gott sogar in seinem Wesen »Liebe«, er ist die Liebe selbst: »Gott ist Liebe; und wer in der Liebe bleibt, der bleibt in Gott und Gott in ihm.« (1. Johannes 4, 8; 4,16b). Diese biblisch tief fundierte Einsicht wird von so unterschiedlichen Theologen wie Wilfried Härle,

Eberhard Jüngel und Hartmut von Sass vertreten – aber auch der Philosoph Dieter Henrich ist für diesen Gedanken zumindest offen.[81] Christinnen und Christen erleben und deuten Gott somit als den liebevollen Schöpfer der Welt, der in seinem Wesen die Liebe selbst ist. Das ist nicht selbstverständlich. Es legt aber – und das ist wichtig – die christliche Theologie nicht auf ein *theistisches* Gottesbild fest. Was ist damit gemeint?

Wolfgang Stegmüller skizziert in seiner Darstellung von Mackies »Wunder des Theismus« die Vorstellung von Theismus, die Mackie bei Swinburne vorfand und an der er sich argumentativ »abarbeitete«. Nach dieser Auffassung besteht *Theismus* darin,

- Gott als ein rein geistiges Wesen zu sehen,
- das allgegenwärtig sei,
- frei handeln könne
- und das Universum geschaffen habe
- sowie dieses erhalte,
- außerdem allmächtig sei,
- allwissend,
- von vollkommener Güte,
- die Quelle aller unserer moralischen Verpflichtungen,
- ewig und unveränderlich,
- notwendig seiend,
- heilig und verehrungswürdig.[82]

---

[81] Wilfried Härle: Dogmatik, 234–245; Eberhard Jüngel: Gott als Geheimnis der Welt, 505; Hartmut von Sass: Atheistisch glauben, 60f; Dieter Henrich: Furcht ist nicht in der Liebe, 70. Henrichs Interesse gilt allerdings der im Titel seines Buches genannten Aussage aus Johannes 4,18 – und auf die vorhergehenden Verse nimmt er als Philosoph nur *en passant* Bezug.

[82] Wolfgang Stegmüller: Hauptströmungen der Gegenwartsphilosophie, Bd. IV, 342.

Wenn das zutreffen sollte, dann würde der Theismus einen sehr anspruchsvollen und voraussetzungsreichen Begriff von Gott beinhalten. Zumal offenbar die hier genannten Eigenschaften *alle* von Gott gelten sollen, im Sinne einer strengen Konjunktion. Natürlich lassen sich in diesem Zusammenhang einige grundsätzliche erkenntnistheoretische Anfragen stellen: Woher sollen wir das alles über Gott wissen können? Und, gesetzt, man könne auch nur eine einzige der genannten Eigenschaften Gottes überprüfen und sie erwiese sich als nicht stichhaltig, wäre dann nicht – im Sinne einer echten Konjunktion – das ganze Modell falsifiziert? Der Theismus, den Mackie da kritisiert, steht »auf schwachen Beinen«.

Ein *panentheistisches* Modell, das Gott ebenfalls als Person vorstellt (was nicht für alle denkbaren panentheistischen Modelle gelten muss), kommt womöglich mit sehr viel weniger bestimmten Aussagen über Gott selbst aus und lässt durchaus viele Fragen offen, die sich keineswegs leicht beantworten lassen.

Eine einfache, liberaler panentheistischer Theologie gemäße Formel denkt *Gott als den liebevollen Schöpfer, der in seinem Wesen Liebe ist:* »Gott ist Liebe. Und wer in der Liebe bleibt, der bleibt in Gott und Gott in ihm.« (1. Johannes 4,16b; vgl. ebd., 4,8). Die zahlreichen, in der obigen Liste Gott zugeschriebenen Eigenschaften oder Prädikate können ihm dann nur in sekundärer, abgeleiteter Weise zugesprochen werden – ganz abgesehen davon, dass sie allererst erläuterungsbedürftig sind und definiert werden müssten. Die »Allmacht der Liebe« etwa ist dadurch eine *eingeschränkte* Allmacht, dass sie sich in Treue und Verlässlichkeit an die geltenden Naturgesetze bindet und dass sie den Menschen als geliebten Geschöpfen einen existentiellen Freiheitsspielraum gewährt, innerhalb dessen sie wählen, entscheiden und handeln können. Ein panentheistisches Gottesverständnis ist somit zwar auch komplex, aber gewiss weniger voraussetzungsreich und anspruchsvoll als das skizzierte theistische Gottesverständnis.

Es ist vor diesem Hintergrund verständlich, dass einige christliche Theologinnen und Theologen – exemplarisch sei hier wiederum Hartmut von Sass genannt – sich von einem theistischen Gottesbild abgrenzen. Allerdings finde ich es nicht überzeugend, als einzige Alternative zu einem theistischen Gottesbild das »atheistische« als Standpunkt zu reklamieren. Denn eine solche binäre Alternative ist völlig unzureichend. Auch betont von Sass an mehreren Stellen den Gedanken, dass die Rede von Gott eine Wirklichkeit bezeichne, »in« der wir leben und beten.[83] Warum sträubt der Autor sich bloß dagegen, seine eigene Position als einen *nicht-personalistisch gedachten Pan-en-theismus* zu bezeichnen? Meines Erachtens wäre er damit korrekt verortet. Die Rede von »Atheismus« ist dagegen plakativ und irreführend.

Ich schlage in diesem Buch vor, Gott im Anschluss an Paul Tillich, Vincent Brümmer und Wilfried Härle personalistisch zu verstehen und *zugleich* im Rahmen eines Panentheismus zu deuten. Allerdings bringt mich dies – und darin grenze ich mich wiederum zumindest von Tillich und Härle ab – in einen gewissen Konflikt mit der klassischen Trinitätslehre. Denn ich bete sehr wohl zu einem personal verstandenen Gott – aber genau deshalb nicht zu einem trinitarisch verstandenen Gott. Kann oder muss man darin eine »Gretchenfrage« sehen? Müssen Christenmenschen zu einem trinitarischen Gott beten? Ich meine: Nein. Und will versuchen, dies im Folgenden zu begründen.

---

83 Hartmut von Sass: Atheistisch glauben., 65, 125, 132.

4 Warum Christinnen und Christen nicht zu einem trinitarischen Gott beten müssen

Muss ich als Christin oder Christ notwendig zu einem trinitarischen Gott beten? Ich bin mir sicher, dass diese Auffassung in der christlichen Theologie und auch im Leben der Kirche weit verbreitet ist. Dafür spricht (scheinbar): Triadische symbolische Formeln strukturieren die Gottesdienste: Das Apostolische Glaubensbekenntnis, die gebräuchliche Taufformel (»Ich taufe dich auf den Namen des Vaters, des Sohnes und des Heiligen Geistes«), triadische Segensformeln scheinen geradezu zu einem trinitarischen Gottesverständnis zu nötigen. Aber folgt aus »Triadizität« (Dreiheit) in einem allgemeinen Sinne auch schon Trinität (also Tri-Unität, also Drei-Einigkeit oder Drei-Faltigkeit)? Und in welchem Sinne müsste man eine Trinitätslehre verstehen? Ist sie geeignet, die Praxis betender Menschen zu regulieren?

Dagegen spricht: Die meisten Christenmenschen beten zu dem einen Gott, an den sie glauben. Sie bezeichnen wie Jesus diesen einen Gott im »Vaterunser« in der Regel auch als ihren »Vater« und meinen damit wohl, dass er sie geschaffen hat, also ihr liebevoller Schöpfer ist. Aus feministisch-theologischer Perspektive dürfte und müsste man korrekterweise beten: »Gott unser Vater und unsere Mutter« – die »Bibel in gerechter Sprache« zieht diese Konsequenz denn auch.[84] Wie auch immer: Ein trinitarischer Gott wird hier nicht aus den Anreden »ersichtlich«. Ist er für den christlichen Glauben zwingend nötig? Ist er für das Gebet nötig? Ich denke nicht. Und zwar aus drei Gründen:

---

84 Jedenfalls in der Übersetzung nach dem Matthäusevangelium: »Du, Gott, bist uns Vater und Mutter im Himmel« (Matthäus 6, 9). Die Lukas-Fassung beginnt in der »Bibel in gerechter Sprache« dagegen einfach mit »Du Gott« (Lukas 11, 2).

- Das Beten zu einem trinitarischen Gott kommt in der Christenheit zwar vor, aber es ist keineswegs alternativlos.
- Wenn Christenmenschen sich der Praxis Jesu im »Vaterunser« anschließen, zu der er ausdrücklich aufrief, beten sie zu Gott als »Vater« (oder »Mutter« oder »Schöpfer der Welt«).
- Es ist für mich höchst zweifelhaft, ob ein trinitarischer Gott vernünftig gedacht werden kann. Die Einheit Gottes ist sehr viel plausibler zu denken als seine kontingent wirkende innere Differenziertheit.

Zwar wird die Vernünftigkeit des trinitarischen Gottesbildes in der christlichen Theologie seit der Alten Kirche immer wieder behauptet. Dem Nachweis dieser Vernünftigkeit galten die Dogmenbildungen von Nicäa (325 n. Chr.) und Konstantinopel (381 n. Chr.), dem die beiden der christologischen Thematik gewidmeten Dogmen von Ephesus (431 n. Chr.) und Chalcedon (451 n. Chr.) folgten.[85] Aber bis in die Gegenwart hinein ruhen die Zweifel und Diskussionen nicht. Wolfgang Pfüller etwa bezeichnet die Trinitätslehre als eine »zum Teil hoch spekulative, zum Teil verwickelte theologische Konstruktion, deren Geheimnischarakter allenfalls darin besteht, dass sie unklar und unverständlich ist«[86] und nennt sie in der anschließenden Anmerkung seines Textes sogar »monströs« und »absurd«.

Was ist so unvernünftig an der klassisch gewordenen Trinitätslehre? Ich nenne hier nur drei Gesichtspunkte:

---

85 Der Kirchengeschichtler *Wolfgang Bienert* interpretiert die altkirchliche Dogmengeschichte – anders als etwa *Karlmann Beyschlag* – so, dass zwischen Nicäa und Chalcedon tatsächlich *drei* Dogmen zur »Identität Gottes« entstanden seien. Eines davon (Konstantinopel 381) habe in Abgrenzung gegen die »Pneumatomachen« der Gottheit des Geistes gegolten. Vgl. WOLFGANG A. BIENERT: Dogmengeschichte, 185–188, 231.

86 WOLFGANG PFÜLLER: Gebet oder Meditation? 151f, vgl. dort auch Anm. 37 (152).

- *Aus erkenntnistheoretischer Sicht* gilt heute ebenso wie zur Zeit Philipp Melanchthons (1490-1560), dass Themen wie die Geheimnisse der Trinitätslehre (Melanchthon nennt auch die »Art und Weise der Menschwerdung« und das »Geheimnis der Schöpfung«) wohl kaum von unserem menschlichen Verstand erforscht werden können.[87] Eine immanente Trinitätslehre ist in der Tat hoch spekulativ, wenn sie behauptet, man könne etwas *über das innere Wesen Gottes* aussagen. Dass sich derlei nicht nur aus Kant'scher Perspektive verbietet, dürfte deutlich sein.
- Zudem: Wenn ich *ein personales Gottesverständnis* vertrete, dann sehe ich den *einen* Gott als Person an (P1). Zugleich aber soll ich annehmen, dass in der einen Person, zu der ich bete, *drei Personen* (P2) voneinander zu unterscheiden seien: Vater, Sohn und Heiliger Geist. Wie immer man einen solchen Personbegriff definieren mag, er wäre wohl äquivok – ich müsste mich also schon entscheiden, ob ich Gott selbst als Person sehe oder eine seiner drei »Hypostasen« (wie in der griechischen Sprache und ihrer alten Ontologie gefasst) bzw. »Seinsweisen« (wie in der deutschen Theologie des 20. Jahrhunderts gebräuchlich). Nehme ich das klassische christologische Dogma hinzu, wird das Gedankenkonstrukt noch absurder: Denn auch Jesus Christus gilt ja (unbeschadet seiner zwei »Naturen« – worin immer diese bestehen mögen) als Person (im Sinne von P2). Er kann aber nicht in demselben Sinn Person sein wie eine menschliche Person (P3), weil er zugleich als »göttliche Person« gedacht wird. Wir haben es also mit einer mindestens dreifachen Äquivokation zu tun.
- Schließlich: Der klassischen Trinitätslehre zufolge sind die drei »Personen« untereinander »*gleich*« – es gilt der

---

87 PHILIPP MELANCHTHON: Loci communes (1521), Lateinisch-Deutsch, 19-23.

Grundsatz der »aequalitas«. Es wird aber ebenfalls behauptet, dass »Gott der Vater« innertrinitarisch »Gott den Sohn = Jesus Christus« *zeugen* und er und der Sohn zusammen den Geist *hauchen* würden.[88] Friedrich Schleiermacher hat demgegenüber scharfsinnig eingewendet, dass sowohl der Begriff des »Zeugens« als auch der des »Hauchens« die Konnotation der »Abhängigkeit« enthalten. Wer diese Begriffe verwende, der könne also nicht gleichzeitig die »Gleichheit« (aequalitas) der innertrinitarischen Personen behaupten.[89] Schleiermacher zieht aus dieser *logisch-semantischen Inkonsistenz* die Schlussfolgerung, die Trinitätslehre sei eine noch unabgeschlossene Lehre, eher ein »schwebendes Problem« als eine notwendige Denkvoraussetzung. Als ein bloß »verknüpfender Satz«[90] im Hinblick auf die materiale Glaubenslehre sei es deshalb sinnvoll, sie an das Ende des Systems zu stellen.[91]

Nicht eigentlich ein materiales Argument, aber doch ein zusätzlich zu berücksichtigender Gesichtspunkt besteht in der Tatsache, dass die Trinitätslehre nicht nur für jüdische und muslimische Menschen ein Stein des Anstoßes ist und die Verständigung der monotheistischen Religionen erschwert, sondern dass auch innerhalb des Christentums

---

88 Die orthodoxen Kirchen bestreiten den »Hauchungsgrundsatz« bezüglich des Sohnes: Der »Geist« werde *nur* vom »Vater«, *nicht* aber auch vom Sohn (»filioque«) gehaucht. Aus dieser dogmatischen Differenz ist das berühmte »Schisma«, also die Kirchentrennung zwischen der lateinischen und der orthodoxen Kirche von 1054 nach Christus, entstanden.
89 FRIEDRICH DANIEL ERNST SCHLEIERMACHER: Der christliche Glaube (1821/22), §190, 368.
90 Ebd., §187, 359.
91 Dass *Karl Barth* die Trinitätslehre an den Anfang seiner »Kirchlichen Dogmatik« stellte und aus ihr geradezu ein (per Analogieschlussverfahren) theologische Erkenntnisse produzierendes System machen wollte, weist ihn daher nicht nur als kongenialen Gegenspieler Schleiermachers aus, sondern erklärt auch, warum sich an seiner Theologie der Vorwurf des »Offenbarungspositivismus« (Bonhoeffer, Tillich u.a.) festmachen sollte.

diese Lehre niemals unumstritten war. Es gab und gibt ja »Anti-Trinitarier« wie Michael Servet (1509–1553), eine kleine Gruppe von »Unitariern«, aber auch viele liberale Theologinnen und Theologen im Gefolge Friedrich Schleiermachers, die die Trinitätslehre als einen durchaus problematischen, unabgeschlossenen, »bloß verknüpfenden Satz« im Kontext der Glaubenslehre verstehen.

Ich belasse es bei diesen Einwänden und erinnere daran, dass in der *Gebetspraxis* von Christenmenschen eine Trinitätslehre überhaupt nicht notwendig ist. Denn diese Menschen beten zu dem einen Gott, über dessen inneres Wesen sie dann nicht zu spekulieren brauchen, wenn ihr Gefühl ihnen sagt: Es ist genug, darauf zu vertrauen, dass er in seinem Wesen *Liebe* ist – Liebe zu mir selbst und zu all seinen Geschöpfen.

Christenmenschen beten daher zu Gott dem Schöpfer der Welt, der in seinem Wesen Liebe ist und dies als Heiliger Geist selbst in unseren Herzen bekräftigt. Aber selbst Christenmenschen beten *nicht notwendig* zu einem trinitarisch zu denkenden Gott. Wer dies dennoch tut, sollte sich zumindest der Probleme bewusst sein, die diese Gebetsauffassung schafft.

5 Warum Christinnen und Christen dennoch zu »Jesus« beten können

Gäbe es eine »Hitparade« der faktischen Gebetsanreden, so läge wohl die allgemeine »Gott-Anrede« zusammen mit der »Vater«-Anrede auf dem ersten Platz, gefolgt von dem Gebet zu »Jesus (Christus)«. Abgeschlagen auf den dritten Platz käme die Anrede an Gott den »Heiligen Geist«.[92]

---

92 Allerdings: Lieder wie »Veni Creator Spiritus« oder »Komm, Heiliger Geist« wurden und werden in den christlichen Kirchen durchaus geschätzt und mitunter gerne gesungen.

Viele Christenmenschen beten also zu »Jesus« und meinen damit »Jesus Christus« und letztlich Gott selbst. Ist das angemessen oder unangemessen? Sie haben scheinbar ein starkes Argument für diese Praxis auf ihrer Seite: Denn wer Gott als »Person« denkt, der hat mit Jesus von Nazareth eine Person vor Augen, die ganz besonders eng auf Gott bezogen ist, ihn in gewisser Weise perfekt *darstellt*[93]. Andererseits: Gott ist Gott, der Schöpfer der Welt, und Jesus von Nazareth war ein Mensch, ein Geschöpf Gottes, dessen Leben vor 2.000 Jahren am Kreuz von Golgatha endete. Aber wer »Jesus« anbetet, der hat dabei wohl den auferweckten und erhöhten »Sohn Gottes« vor Augen und versteht diesen als »Gottmenschen«. Aus der Sicht liberaler Theologie sind solche Vorstellungen, die auch oft mit dem Begriff der »Inkarnation« verbunden sind, aber höchst fraglich oder gar (mit einem Wort Rudolf Bultmanns gesagt:) »erledigt«. Daraus ergibt sich im Resultat die oben bereits skizzierte fundamentale Kritik am trinitarischen Dogma.

Und dennoch meine ich: Es kann sinnvoll, gut und legitim sein, zu »Jesus« zu beten, nämlich dann, wenn ich weiß, was ich damit meine. *Ein Gebet zu »Jesus« lässt sich nämlich als ein Gebet zu Gott selbst verstehen.* Dies kann mindestens in dreifacher Weise der Fall sein, in einem *klassischen*, in einem *modalistischen* oder in einem *liberalen* Sinn: Entweder bezeichne ich mit »Jesus« die zweite Person der »Trinität« (das wäre das klassische Verständnis, auf der Grundlage des altkirchlichen Dogmas). Oder ich rede *Gott=Jesus=den Heiligen Geist* in einem modalistischen[94] Sinn an. Oder aber ich verwende den Namen »Je-

---

93 Vgl. Eberhard Martin Pausch: Jesus, Hauptdarsteller Gottes?
94 In einem »modalistischen« Sinn würde heißen: Gott der Vater, Jesus der Sohn und der Heilige Geist sind »Modi«, also Erscheinungsweisen des einen und selben Gottes, der sich gleichsam Masken aufsetzt, aber immer mit sich selbst identisch bleibt. In der Alten Kirche wurde der

sus«, um Gott in symbolischer bzw. metaphorischer Weise anzureden (dies wäre eine mit liberaler Theologie sehr gut vereinbare Deutung des Vorgangs). *Conclusio:* Wenn ich in einer dieser drei Weisen »Jesus« im Gebet anrede, meine ich Gott selbst und rede ihn somit direkt an. Vielleicht ist ja gerade dies auch mit der etwas rätselhaften Formel gemeint: »im Namen Jesu zu Gott beten«.

Die liberale Deutung lässt sich etwa auf der Grundlage einer *adoptianistischen*[95] *Christologie* vertreten. Das ist auch meine persönliche Auffassung. Ich halte sie nicht nur für exegetisch nachvollziehbar, sondern sehe in dieser Form von Christologie vor allem auch eine Brücke zum Judenchristentum, denn viele frühe Judenchristen waren Ebioniten und dachten somit adoptianistisch. Der Adoptionismus galt in der Alten Kirche zwar ebenfalls (wie der Modalismus) als eine Häresie. Aber da er die *Brücke zum Judentum* offenhält, plädiere ich dafür, diese Einschätzung zu revidieren. Ich habe an anderer Stelle dargelegt, dass ich Jesus von Nazareth, den seine Nachfolgerinnen und Nachfolger als »Christus« und als »Sohn Gottes« verstanden, als den »Hauptdarsteller Gottes«[96] deute. Er stellte in seinem Leben, Sterben und in der an ihm vollzogenen Auferweckung Gott als die unerschöpflich schöpferische und den Menschen jederzeit und in jeder Hinsicht zugewandte Liebe dar. Wenn Menschen somit zu »Jesus« beten, dann können sie berechtigterweise der Auffassung sein, zu Gott

---

Modalismus als eine Häresie verstanden. Bis in die Gegenwart hinein gibt es aber Theologien, die ihre Gotteslehre modalistisch konzipieren.

95 Der adoptianistischen Christologie zufolge ist Jesus in einem rechtlichen Sinne, also als Adoptivsohn, auf Gott bezogen. Dann ist unsere Kindschaft Gottes der Sohnschaft Jesu prinzipiell gleichartig, denn auch wir sind keine leiblichen, sondern »Adoptivkinder« Gottes. Ein biblischer Beleg für diese Denkweise ist die Adoptionsformel »Du bist mein geliebter Sohn, an dir habe ich Wohlgefallen« (Markus 1, 11), die sich bei der Taufe Jesu findet.

96 EBERHARD MARTIN PAUSCH: Jesus, Hauptdarsteller Gottes?, vgl. 15, 57ff, 117-121.

zu beten. Denn zu Jesus beten kann nur, wem Gott selbst die unverfügbare Einsicht erschlossen hat, dass *Jesu Darstellung des Wesens Gottes* dieses Wesen zutreffend interpretiert hat. Diese Interpretation beruht aber auf einem »Erschließungsgeschehen« (Herms), in dem Gott sich den Menschen auf unverfügbare Weise *mitteilt.*[97] Für den Glauben wird dadurch *Gewissheit* konstituiert – aus wissenschaftlicher Sicht haben wir es hier mit Hypothesen zu tun, die wahr oder falsch sein *können.*

---

97 Ich knüpfe hier an die Schleiermacher-Interpretation an, die *Christiane Braungart* vorgelegt hat (CHRISTIANE BRAUNGART: Mitteilung durch Darstellung: Schleiermachers Verständnis der Heilsvermittlung.) Vgl. auch die Würdigung von Braungarts Forschungsertrag in der Arbeit von Johannes Dittmer (JOHANNES MICHAEL DITTMER: Schleiermachers Wissenschaftslehre als Entwurf einer prozessualen Metaphysik in semiotischer Perspektive, 563, Anm. 426).

VI. Kant und die Problematik des Gebets in der Neuzeit

1 Zur Problematik des Gebets in der Neuzeit: Immanuel Kants Gebetsverständnis

Kant veröffentlichte seine programmatische Schrift »Die Religion innerhalb der Grenzen der bloßen Vernunft« im Jahr 1793, also wenige Jahre nach Beginn der Französischen Revolution, die er als »Geschichtszeichen« ausdrücklich begrüßt hatte.[98] Seine Religionsschrift war entstanden auf der Grundlage seiner drei philosophischen Hauptwerke (Kritik der reinen Vernunft, Kritik der praktischen Vernunft, Kritik der Urteilskraft).

Kant war zwar seiner Herkunft nach Protestant, stand aber in innerem Gegensatz zu der engen, pietistischen Frömmigkeit, in welcher er erzogen worden war. Seine Schrift ist daher bis in die Diktion hinein Religionskritik, bei gleichzeitiger Würdigung eines moralischen Kerngehalts von Religion, an dem der Königsberger Philosoph unbedingt festhalten wollte. Dabei stand für ihn als Ertrag seiner klassischen Schriften fest: Gott lässt sich mit den Mitteln der Vernunft weder beweisen noch widerlegen. Seine Existenz ist vielmehr ein Postulat der praktischen Vernunft.

Religion, so argumentiert Kant auf dieser Grundlage in

---

98 IMMANUEL KANT: Die Religion innerhalb der Grenzen der bloßen Vernunft. Bettina Stangneth stellt in ihrer Einleitung unter der Überschrift »Kants schädliche Schriften« (IX-LXXV) sehr ausführlich den komplexen historischen Entstehungszusammenhang der Schrift sowie deren Text- und Editionsgeschichte dar. Ich gehe auf diese historisch-genetischen Aspekte im Folgenden nicht ein, sondern versuche, eine knappe systematische Rekonstruktion des Kant'schen Argumentationszusammenhanges zu geben.

seiner Religionsschrift, hat sich »innerhalb der Grenzen der bloßen Vernunft« zu bewegen. Diese Vernunft ist eine praktische, sie ist im Grunde genommen mit Moral identisch. Nicht die Religion setzt der Vernunft Grenzen, sondern umgekehrt. Sehr knapp gesagt, gilt für Kant: »Zuerst kommt die Moral. Auf ihrer Grundlage kann sich dann der Glaube entwickeln.«[99] Zuerst kommt also die Moral. Sie kam bereits mit den Zehn Geboten. Und sie kommt erst recht mit dem Gründer des Christentums, Jesus von Nazareth. Er gilt Kant als Lehrer und als (Ver-) Künder einer moralischen Religion. Der beste Beleg dafür sei, so Kant, die Bergpredigt. Lässt sich aber Jesus, selbst der Jesus, den die Bergpredigt uns vor Augen stellt, auf einen Gesetzgeber reduzieren? Schon die Seligpreisungen am Anfang der Bergpredigt (Matthäus 5, 1-12) haben doch nicht in erster Linie eine moralische, sondern eine tröstende und erbauliche Absicht. Aber, gesetzt den Fall, man lässt sich auf Kants Interpretationsansatz ein – wie entfaltet er diesen des Näheren?

Der Gegensatz zur moralischen, rein auf Vernunft gegründeten Religion ist ihm zufolge die »statutarische Religion«[100], die sich auf bloße Statuten gründet, also solche Gesetze, die moralisch gesehen gleichgültig sind. (Zum Beispiel also rein rituelle Gesetze über Kleidung, Reinigung und Essverhalten der Gläubigen.) Eine statutarische Religion, so meint Kant, sei letztlich ein Wahnsystem. Wer in ihrem Dienst steht, leistet einen »Afterdienst«. Denn: »[...] alles, was außer dem guten Lebenswandel der Mensch noch tun zu können vermeint, um Gott wohlgefällig zu werden, ist bloßer Religionswahn und Afterdienst Gottes.«[101]

---

99   Manfred Geier: Kants Welt: Eine Biographie, 266.
100 Immanuel Kant: Die Religion innerhalb der Grenzen der bloßen Vernunft, 138, 164, 169, 225 u. ö. (= B 147, B 179, B186, B 254 u. ö.).
101 Ebd., 230 (= B260f).

Jörg Dierken schreibt mit Blick auf Kants Religionsschrift zu Recht: »Immanuel Kants Denken bildet den Gipfel der Aufklärung. An ihm kommt keine intellektuelle Selbstverständigung der Moderne vorbei. [...] Die Kirche und ihre Lehre müssen sich Kants schroffer Unterscheidung von ›Dienst‹ und ›Afterdienst Gottes‹ stellen.«[102] In der Tat: Dieser schroffen Unterscheidung müssen die Kirche und ihre Lehre sich aussetzen, wenn sie ihr Verhältnis zur Vernunft bestimmen wollen.

Kant bedient sich in diesen Zusammenhängen ungebremster Polemik. Denn jedes Religionssystem, das sich außerhalb der von ihm scharf gezogenen Grenzen der (bloßen) Vernunft bewegt, geißelt er mit schärfsten Vorwürfen. Er spricht von *Aberglauben, Pfaffentum, After- und Fetischdienst* und von *abergläubischem Wahn*. Faszinierend ist die wagemutige Ironie, mit der Kant die faktischen Formen von Religion behandelt. So redet er beispielsweise an einer Stelle davon, dass Wunder »nicht jedermanns Sache«[103] seien. Damit wird auf eine vorsichtige und feine Weise eine Distanzierung vom Supranaturalismus vollzogen, die der Leser und die Leserin sich aneignen können, aber nicht müssen. Später bezeichnet er den »Wunderglauben« aber auch ganz direkt als einen »Wahnglauben« oder einfach nur »Wahn«.

Der Kern seiner Gedanken aber, auf den Kant immer wieder zurückkommt, ist der moralische Charakter der Religion. Die Existenz Gottes, die theoretisch in keiner Weise bewiesen werden kann, ist ihm zufolge ein Postulat der praktischen Vernunft. Denn gäbe es Gott nicht, dann

---

102 Jörg Dierken: Vernunft, Religion und der Gottesgedanke bei Kant, 171–188, dort 171. Auch wenn ich Dierkens Ausgangsthese teile, folge ich seiner Argumentation insgesamt nicht, weil er (wohl von seiner Nähe zu Hegels Philosophie her) Kants Religionsverständnis mit den Kategorien der Dialektik zu verstehen versucht.
103 Immanuel Kant: Die Religion innerhalb der Grenzen der bloßen Vernunft, 219 (= B246).

würden Sittlichkeit, Glückwürdigkeit und Glückseligkeit auseinanderfallen. Das aber hält Kant für undenkbar. Weil die Tugend Lohn verdient und es auf dieser Welt zumeist keinen gerechten Ausgleich gibt, muss Gottes Existenz postuliert (also gefordert) werden.

Damit wird Gott zugleich selbst als ein moralischer Weltenherrscher gedeutet. »Diese Idee eines moralischen Weltenherrschers ist eine Aufgabe für unsere praktische Vernunft. Es liegt uns nicht sowohl daran, zu wissen, was Gott an sich selbst (seine Natur) sei, sondern was er für uns als moralische Wesen sei ...«[104]. Sofern Gott und Mensch als moralische Wesen gedacht werden, ist Religion (zumindest »subjektiv betrachtet«) nichts anderes als »... das Erkenntnis aller unserer Pflichten als göttlicher Gebote.«[105] Religion ist daher Moral – nichts anderes und nichts sonst.

Wenn die wahre Religion aber aus »nichts als Moral« besteht, liegt der Gedanke zunächst nahe, dass die so genannten typischen religiösen Handlungen wie das Beten, der Kirchgang (Gottesdienstbesuch) und die Spendung und der Empfang der Sakramente (Taufe und Abendmahl) bloß statutarischer Natur und somit überflüssig oder gar verwerflich sein könnten. Das sieht Kant aber nicht so. Er trifft vielmehr an diesem Punkt eine klare Unterscheidung: Wenn solche Vorgänge stattfinden und die sie praktizierenden Personen darin ein *Gnadenmittel* sehen – also eine Möglichkeit, sich Gottes Liebe durch ein gutes Werk zu verdienen –, dann handelt es sich dabei um einen abergläubischen Wahn, ja, um Idololatrie (Anbetung von Götzen). Diese Argumentation wirkt gut protestantisch, wenn es denn von Anfang an das Anliegen Martin Luthers und der anderen Väter und Mütter der Reformation war, alle menschlichen Werke und

---

104 Ebd., 189 (= B211).
105 Ebd., 206 (= B230).

Leistungen einer Kritik zu unterziehen, die unternommen werden, um sich das Heil zu verdienen.

In anderer Weise aber ergeben alle vorgenannten religiösen Handlungen nach Kant durchaus einen guten Sinn:

> Das **Beten** (oder der innere Gottesdienst) etwa kann als die alle unsere Handlungen begleitende Gesinnung betrachtet werden und ist ein »Mittel zu wiederholter Belebung jener [moralischen, EMP] Gesinnung in uns selbst«.[106]
> Der **Kirchgang** (oder der äußere Gottesdienst) ist eine sinnliche Darstellung der Gemeinschaft der Gläubigen und dient damit zu deren Erbauung.[107]
> Die **Taufe** ist eine einmalige, feierliche Einweihung zur Kirchengemeinschaft und insofern eine »vielbedeutende Feierlichkeit«.[108]
> Das **Abendmahl** stellt als Feierlichkeit die Erneuerung, Fortdauer und Fortpflanzung der Kirchengemeinschaft »nach Gesetzen der Gleichheit«[109] dar.

Für unseren Denkzusammenhang ergibt sich somit eine klare Berechtigung und ein guter Sinn für die Praxis des christlichen Gebets auch innerhalb der Grenzen einer bloßen Vernunft. Es fragt sich allerdings, ob Kant damit dem Phänomen des Gebets in allen seinen Facetten gerecht wird und ob dieses – und auch die Religion überhaupt – nicht doch mehr an Gehalt aufzuweisen hat, als die Moral auszuschöpfen vermag. Davon gehe ich im Folgenden allerdings aus und versuche dies zu zeigen – ohne Kants wesentlichen und grundlegenden Beitrag zur Theorie des Gebets zu hintergehen. Denn ganz gewiss haben Gebete auch eine Funktion bei der Konstitution von Moral. Aber es stellt sich dennoch die dringliche Frage, ob das Gebet nicht mehr sein kann und sogar muss als bloß ein Mittel zur Belebung unserer moralischen Gesinnung.

---

106 Ebd., 265 (= B303).
107 Ebd., 268 (= B308).
108 Ebd., 270 (= B310).
109 Ebd.

Wie steht es aber mit dem Bittgebet? Muss es von Kants Ansatz her nicht höchst problematisch sein? Denn von Gott etwas zu erbitten appelliert ja an *dessen* Macht und Fähigkeit, zu handeln, gerade nicht aber an *unser eigenes* Handeln. Oder etwa doch? Ich komme später auf diese Frage zurück, beleuchte jedoch zunächst einen anderen Aspekt.

2 Wahrhaftigkeit, Wahrheit und Gewissheit als Bezugspunkte des Gebets

Gebete haben mit Wahrheit, mit Wahrhaftigkeit und mit Gewissheit zu tun. Aber wie und auf welche Weise? Meine sogleich zu begründende These lautet: *Gebete und Wahrhaftigkeit hängen auf das Engste miteinander zusammen. Gebete können auch auf Gewissheit beruhen, sind aber auf jeden Fall gekennzeichnet von der Suche nach Gewissheit. Am wenigsten eng ist dagegen die Verbindung von Gebet und Wahrheit, obwohl der semantische Gehalt von Gebeten sich mit Wahrheit nicht im Widerspruch befinden muss.*

Eine Konsequenz aus Kants kritischer Sicht auf das Gebet ist jedenfalls: Beten und *Wahrhaftigkeit* sind notwendig aufeinander bezogen. Denn Wahrhaftigkeit ist eine Mindestbedingung von Moralität. Wahrhaftigkeit als eine Gesinnung, die vor sich selbst und anderen Personen Aufrichtigkeit gebietet und Lügen zu vermeiden anstrebt, ist aber nicht identisch mit Wahrheit. Und diese ist wiederum nicht mit Gewissheit identisch. Alle drei Phänomene sind miteinander verwandt und überlappen sich teilweise, aber sie können und müssen auch voneinander unterschieden werden.

Wer als Christ betet, tut dies im Angesicht eines Gottes, von dem er zu wissen meint, dass dieser allwissend ist. Vor ihm kann folglich nichts verborgen bleiben. Daraus ist aber nicht abzuleiten, dass deshalb das Gebet an ihn ohnehin sinnlos sei – denn, was er bereits wisse, müsse ihm nicht auch noch mitgeteilt werden. Wohl aber ergibt sich aus dem Gesichtspunkt der Allwissenheit Gottes, dass ein Mensch nicht vor ihm »schummeln«, nichts abstreiten, nichts leugnen kann. Gebete können daher nur im Modus der *Wahrhaftigkeit* geschehen – sie wären sonst selbstwidersprüchlich.[110]

Aber wie steht es mit der *Wahrheit* von Gebeten und in Gebeten? Welchen Stellenwert hat sie für das Beten? Können Gebete »wahr« sein? Ich habe an anderer Stelle einmal wie folgt argumentiert: *Wahr* sind im strengen Sinne des Wortes ja nur *Propositionen*, also Aussagen, die von Personen behauptet werden.[111] Dank und Bitte, Klage und Lob sind aber nicht wahr (aber hoffentlich wahrhaftig), wenn sie in Gebeten vorkommen. Dagegen stehen Aussagen, die die Betenden in ihrem Gebet tätigen, grundsätzlich unter der Differenz [wahr/falsch]. Wer betet: »Du, Gott, hast das Volk Israel gerettet«, der beansprucht damit ebenso Wahrheit wie eine betende Person, die über sich selbst oder andere mitteilt: »Ich habe die Person *abc* gerettet/geliebt/verletzt ...«. Sätze wie »Ich freue mich, dass ich von der Krankheit *xyz* genesen bin ...« sind sowohl wahrhaftig als auch wahr, wenn es stimmt, dass die betende Person von dieser Krankheit genesen ist und sich darüber freut. Natürlich kann eine betende Person sich irren, wenn sie einen Satz formuliert, den sie selbst für wahr hält, der aber nicht wahr ist. Wie, wenn die Krankheit *xyz* doch

---

110 In den Geschichten um den katholischen Pater Don Camillo (in den 1950er und 60er Jahren wunderbar verfilmt mit dem französischen Schauspieler Fernandel) wird mit feiner Ironie gezeigt, wie der Geistliche im Gebet vor Gott ab und zu etwas verbergen, beschönigen oder leugnen möchte. Diese Versuche werden von Gott natürlich immer wieder liebevoll entlarvt.

111 Dazu ausführlicher EBERHARD MARTIN PAUSCH: Wahrheitsnähe, Wahrheitsferne – Überlegungen zum Verhältnis von Religionen und Wahrheit, 145–162.

noch nicht überwunden wäre, obwohl es so den Anschein hat? Dann wäre die Aussage zwar wahrhaftig, aber nicht wahr. Insgesamt wird man wohl sagen können: Wenn ein Gebet überhaupt sinnvoll sein soll, dann kann und muss es durch und durch wahrhaftig sein. Wahr (oder unwahr) können aber nur diejenigen Teile eines Gebets sein, die den Charakter von Aussagen haben – also narrative oder konstatierende Elemente. In den meisten Gebeten werden diese eher selten vorkommen, da das »Kleeblatt« von Lob und Klage, Dank und Bitte in aller Regel den Kernbestand von Gebeten ausmacht. Aber: Ausnahmen bestätigen die Regel![112]

Wie steht es aber mit der *Gewissheit*? In welchem Sinne ist sie mit Gebeten verbunden? Müssen die Betenden von der Gewissheit ausgehen, dass es Gott gibt, dass er ihnen zuhört, dass er ihre Bitten erhören[113] wird? Oder kann und darf ich beten: »Lieber Gott, wenn es dich gibt ...«[114]? Antwort: Warum denn nicht? Wer die genannten Gewissheiten hat, der wird sicherlich beten wollen. Ich nenne dies die *Gruppe I* der »Glaubensgewissen«. Wem diese Gewissheiten fehlen, der kann dann beten, wenn die Existenz Gottes ihm eine wichtige Frage ist, wenn sie das mögliche Ziel einer aufrichtigen Suche sein kann, und wenn er auf Gottes Dasein und Wirken hofft, ohne jedoch fest mit ihm rechnen zu können. Ich nenne dies die *Grup-*

---

112 Nimmt man Augustins »Confessiones« (Bekenntnisse) als ein in Buchform gefasstes Gebet – so ist dieses Werk vom Autor ja tatsächlich stilisiert, denn es beginnt mit einer Anrede an Gott, ist ständig von entsprechenden Anreden durchzogen und endet sogar mit »Amen« -, so enthält es sehr ausgedehnte erzählerische Passagen und viele konstatierende Sätze, etwa Aussagen über Gott selbst, die einen Wahrheitsanspruch erheben.

113 Die altertümlichen Redeweisen von einem »erhörlichen« Beten und von »gebetsmächtigen« Menschen beruhen auf der höchst problematischen Vorstellung, Menschen könnten Gott durch ihre Gebete zu einem bestimmten Handeln bewegen. Demnach wären Jesus und Paulus aber nicht sonderlich gebetsmächtig gewesen.

114 So in einem Lied des Popmusikers Peter Maffay aus den 1980er Jahren.

pe II der »Suchenden«. Wer aber die Gewissheit hat oder zu haben meint, dass es Gott keinesfalls gibt, der wird ohnehin nicht beten. Diese Personen bezeichne ich als *Gruppe III*. Ich vermute, dass die Gruppe I in unserer Gesellschaft die wenigsten Personen umfasst. Deutlich mehr Menschen dürften sich zur Gruppe III zählen – die meisten aber vermutlich zur Gruppe II der »Suchenden«.

Schließlich zum Verhältnis von Wahrheit und Gewissheit: Weder impliziert Gewissheit auch schon Wahrheit noch ist das Umgekehrte der Fall. Denn mir kann durchaus etwas gewiss sein oder scheinen, das aber nicht wahr ist, weil ich mich irre. Und vielerlei kann wahr sein, von dem ich aber gar nichts weiß oder wissen kann, an dem ich zweifle oder über das ich mich (aus welchen Gründen auch immer) im Irrtum befinde. Es gibt sicherlich viele Gründe, warum eine wahre Aussage sich mir nicht als gewiss erschließt.

Außerdem kann mir aber auch die Geltung von moralischen Regeln gewiss sein (etwa: »Du sollst nicht töten!«), aber Gebote und Gesetze sind nicht wahr. Denn Wahrheit ist eben ein Prädikat von Aussagen, die als wahr behauptet werden, also Propositionen. Religionen als *soziale Systeme* (im Sinne der allgemeinen Systemtheorie, sei es in der Fassung von Luhmann oder in der Version von Habermas) aber umfassen wesentlich mehr und wesenhaft auch ganz anderes als nur Propositionen, zum Beispiel moralische Regeln und rituelle sowie kultische Handlungen. Weder jene Regeln noch diese Handlungen noch die Systeme als solche können wahr sein. Dennoch kommt innerhalb des christlichen Religionssystems vielen Elementen Gewissheit zu, die keineswegs als »wahr« prädiziert werden können. Denn natürlich strebt die christliche Religion danach, Gewissheit zu erlangen (im Blick auf die Existenz und das Handeln Gottes). Ebenso hofft sie darauf, Wahrheit zu finden. Die christliche *Hoffnung* gilt darüber hinaus einer möglichst großen *Schnittmenge von Wahrheit und Gewissheit.* Aber beide bleiben doch *voneinander unabhängige Phänomene.* Zwar kann durch strenge Falsifikation von Aussagen Wahrheit gewonnen werden – dann kann ihr auch Gewissheit zukommen. Aber aus existentieller Gewissheit kann *nicht* auf Wahrheit geschlossen werden.

Für die Wissenschaft Theologie mag das keine sehr erfreuliche Nachricht sein. Aber für den Glauben, für das »Christsein im Alltag« der Welt[115] und für die Praxis des christlichen Betens birgt dieser Umstand keine Nachteile. Denn: Beten kann und darf jeder Mensch, der auf der Suche nach Gott und für ihn offen ist – erst recht aber jeder Mensch, dessen Verhältnis zu Gott von Gewissheit (in diesem Falle: Glaubensgewissheit) gekennzeichnet ist.

---

115 Vgl. wiederum die Beiträge in dem Sammelband: Raphael Zager/ Werner Zager (Hgg.): Christsein im Alltag.

VII. Elemente und Sprachformen des Gebets

1 Das Kleeblatt: Wesentliche Elemente und Sprachformen des Gebets

Eine in ihrer Kürze und Prägnanz bestechende Einführung in das Thema »Gebet« stammt von Eberhard Jüngel.[116] Er unterscheidet in seinem kleinen Text zwischen *Dank, Bitte* und *Klage* als unentbehrlichen Elementen des Gebets. Wilfried Härle fügte dieser Trias mit dem *Lob* ein weiteres Element hinzu, so dass eine Art »Gebets-Kleeblatt« entsteht.[117] Allerdings legt Härle in seinem Text zur Gebetsthematik (meines Erachtens zu Recht) einen besonderen Akzent auf das Bittgebet.

Ich knüpfe hier an diesen Artikel an, nicht jedoch an die darin entwickelte Unterscheidung von expressiven und kommunikativen *Elementen* des Gebets einerseits und (Sprach-) *Formen* des Gebets andererseits. Dies nicht deshalb, weil ich die Unterscheidung expressiv/kommunikativ nicht für sinnvoll halten würde – das ist sie durchaus. Aber ich meine, der Übergang von expressiv zu kommunikativ ist ein fließender, so dass ich den Begriff des *Elements* nicht dafür gebrauchen würde. In meinem Sprachgebrauch verwende ich daher die Begriffe »Element« und »Sprachform« im Blick auf das Gebet synonym und gehe davon aus, dass es an diesen Elementen/Sprachformen expressive und kommunikative *Aspekte* gibt, die jeweils unterschiedlich ausgeprägt sein können.

Ich stimme Wilfried Härle zu, dass im Blick auf das Gebet diese vier Sprachformen/Elemente unbedingt zu

---

116 Eberhard Jüngel: Was heißt beten?, 397–405.
117 Wilfried Härle: »Den Mantel weit ausbreiten«, 231–247.

unterscheiden sind: Lob, Klage, Dank und Bitte. Es zeigt sich dabei *einerseits* eine symmetrische Struktur, denn dem Lob entspricht als Gegenstück die Klage, dem Dank wiederum die Bitte:

Lob	Klage
Dank	Bitte

Andererseits wird diese Symmetrie durch eine gewisse Dynamik oder »Bewegung« aufgelöst, die Härle in diesen vier Sprachformen wahrnimmt. Er meint sogar, diese Bewegung sei »originär«[118] – sie beginne bei der Klage, gehe über in die Bitte, diese werde zum Dank und der Dank verwandle sich schließlich in Lob: Klage => Bitte => Dank => Lob.

Das mag so sein, jedenfalls dann, wenn ein Mensch seine Gebetsbitte als »erhört« bzw. »erfüllt« erlebt. Was aber, wenn das nicht der Fall ist? Kann ein Gebet nicht auch mit einer Klage enden oder mit einer Bitte? Oder einfach mit einem Dank, ohne in Lob überzugehen? Das alles ist doch möglich und auch wirklich. Zum Beispiel gibt es reine Bittgebete.

Überdies hat die *Bitte* gegenüber den anderen Elementen/Sprachformen des Gebets noch einen Sonderstatus: *Sie alleine richtet sich in die Zukunft.* Klage, Dank und Lob gelten der Vergangenheit und Gegenwart der Präsenz oder des Wirkens Gottes. Wer Gott um etwas bittet, schaut dagegen nach vorne und erhofft sich etwas, das in der Vergangenheit und Gegenwart nicht schon fraglos gegeben ist. Das »Kleeblatt« lässt sich daher auch wie folgt darstellen, so dass der Sonderstatus des Bittgebets deutlich wird:

---

118   Ebd., 234.

Lob => Vergangenheit / Gegenwart	Klage => Vergangenheit / Gegenwart
Dank => Vergangenheit / Gegenwart	**Bitte => (offene) Zukunft**

Interessant scheint mir sodann noch folgender Aspekt: Wer bittet, der rechnet damit, dass seine Bitte erfüllt werden kann oder eben nicht. Das heißt, wer bittet, rechnet mit einer (zumindest partiell) nicht determinierten, also offenen Zukunft. Bitten werden eben nicht automatisch erfüllt, aber sie sind auch nicht irrelevant, weil immer schon alles vorbestimmt (determiniert) wäre, was in der Zukunft geschehen wird. Wer bittet, sieht *die Zukunft* zwar nicht in allen Einzelheiten, aber grundsätzlich als *offen* an.

Ich erlaube mir schließlich noch den Hinweis, dass Gebete in der Regel mit bestimmten Sprachformen beginnen und enden: mit einer Anrede (»Vaterunser«) und einem Abschluss (»Amen«). So erweitert sich das »Kleeblatt« des Gebets zu folgender Matrix:

Anaklese/Anrufung: Vaterunser, »Abba« (Adonaj, Allah ...)

Lob	Klage
Dank	Bitte

Abschließende doxologische Bekräftigungsformel: Amen

2 Weitere Elemente und Sprachformen des Gebets

Die soeben skizzierte Matrix enthält meines Erachtens die grundlegenden Elemente/Sprachformen von Gebeten. Allerdings gibt es noch weitere Elemente, die in Gebeten vorkommen können. Einige davon sind von der Sprachform her klar abgrenzbar gegen die bisher identifizierten Elemente. Hierfür nenne ich als Beispiele (ohne Anspruch auf Vollständigkeit):

- das Stammeln, Stottern, Lallen, Seufzen und Suchen nach Worten, das sich in religiösen Kontexten ereignen kann und das in besonderen Fällen etwa zum Phänomen der »Zungenrede« (Glossolalie[119]) werden kann;
- narrative Gebetsteile (die Betenden können von sich selbst oder von anderen Personen und besonderen Ereignissen erzählen oder auch Gottes Handeln beim Namen nennen);
- konstatierende Gebetsteile (etwa Aussagen über Gott wie: »Du bist ewig«);
- Selbstverpflichtungen der Betenden (etwa in moralischer oder liturgischer Hinsicht).

Sofern narrative oder konstatierende Formen in Gebeten vorkommen, sind sie die einzigen Elemente, die der Differenz von »wahr« und »unwahr« unterliegen können. Denn nur sie haben den Charakter von Propositionen, also Aussagen, die mit einem *Wahrheitsanspruch* behauptet werden. In allen Teilen von Gebeten aber erheben die Betenden einen Wahrhaftigkeitsanspruch, denn auch Dank, Lob, Klage und Bitte werden im Modus der Wahrhaftigkeit vorgetragen.

Nicht von der Sprachform her abgrenzbar, aber als Ableitungsform von Grundformen des Gebetes lassen sich folgende Elemente identifizieren:
- aus der *Klage* (vor Gott) lässt sich die *Anklage* (gegen Gott) ableiten; entsprechende Elemente finden sich etwa im Buch »Hiob«;
- aus dem *Lob* und aus dem *Dank* lassen sich liturgische *Selbstverpflichtungen* ableiten, Gott auch künftig loben und danken zu wollen;

---

119 »Glossolalie« ist nicht mit »Xenolalie«, also der Fähigkeit des Sprechens in fremden Sprachen, zu verwechseln. Das Pfingstereignis ist ein Beispiel für Xenolalie, nicht für Glossolalie.

Aus der *Bitte* lassen sich sogar zahlreiche weitere Sprachformen ableiten. Dies ist ein weiterer Beleg für die Sonderstellung der Bitte im Rahmen von Gebeten - neben der Tatsache, dass allein die Bitte innerhalb der Matrix des Gebets mit einer offenen Zukunft rechnet und wesentlich auf die Zukunft gerichtet bzw. bezogen ist.

- *Kurzgebetsformeln* wie »Maranatha« (=Unser Herr, komm!), »Kyrie soson« (Herr, rette!) oder »Kyrie eleison« (Herr, erlöse!) sind ebenfalls als Formen der Bitte erkennbar;
- am wichtigsten ist unter den Ableitungsformen der Bitte wahrscheinlich die *Fürbitte* (also die Bitte für andere Menschen, die Jesus zufolge sogar auf Feinde ausgedehnt werden muss);
- an Gott gerichtete *Fragen* lassen sich als »Bitten um Antwort« verstehen;
- *Hilferufe* sind verstärkte Bitten um Beistand oder Rettung;
- *Aufforderungen* und *Befehle* an Gott sind deutlich verstärkte Bitten;
- *Einwände* oder *Widersprüche* gegen Gott sind starke Bitten darum, dass etwas *nicht* geschehen möge oder er etwas *nicht* zulassen soll;
- schließlich kann auch der Segen von Menschen erbeten werden - dies ist das Phänomen der *Segensbitte*.[120]

---

120 »Segen« lässt sich analytisch definieren als die Verbindung von vier Elementen: (1) ein guter Wunsch für Personen oder andere Geschöpfe, (2) dieser Wunsch als Bitte an Gott platziert, (3) die Selbstverpflichtung des Segnenden, das Wohl jener Geschöpfe oder Personen zu fördern, (4) die Bereitschaft der gesegneten Personen, den Segen für sich anzunehmen. Vgl. Eberhard Martin Pausch: Jesus, Hauptdarsteller Gottes?, 51–56.

3   Modell einer erweiterten Matrix

Von den soeben skizzierten Überlegungen aus kann hier eine erweiterte Matrix dargestellt werden, die von dem um Anrede und Gebetsabschluss angereicherten »Kleeblatt« ausgeht und einen ausdifferenzierten Blick auf Sprachformen und Elemente von Gebeten erlaubt – ohne den Anspruch auf Vollständigkeit zu erheben.

Sprachform/ Element	Beispiel	Ableitungsform	Bezug zur Zeitachse
Anrede	Adonaj, Abba, Allah		Gegenwart
Stammeln, Stottern, Lallen, Seufzen, Suche nach Worten ...		Zungenrede (Glossolalie)	Gegenwart
Narrative, erzählende Gebetsteile	Ich habe *abc* erlebt, wir haben *xyz* erfahren, du hast (?) getan, es ist dies und das geschehen ...	»Zeugnis« (das man vor Gott ablegt)	Vergangenheit, Gegenwart
Konstatierende Anrede	Meine Zeit steht in deinen Händen (Psalm 31)		Alle Zeitebenen möglich

Sünden- und Schuldbekenntnis	»Ich habe gesündigt / ich habe andere Menschen verletzt, bin an ihnen schuldig geworden / ich habe versäumt, mich genügend für den Schutz unserer Umwelt einzusetzen ...« *** Stuttgarter Schuldbekenntnis (1945)		Vergangenheit
Klage	Ich schreie, aber meine Hilfe ist ferne (Psalm 22)	Anklage (gegen Gott)	Gegenwart, Vergangenheit
Lob	»Herr, unser Herrscher, wie herrlich ist dein Name in allen Landen!« (Psalm 8) Dich will ich preisen in der großen Gemeinde (Psalm 22)	Glaubens- und Liebesbekenntnis gegenüber Gott (»Liebeshymnus«)	Vergangenheit, Gegenwart

L1 Glaubens- und Liebesbekenntnis gegenüber Gott (Liebeshymnus)	- Wenn ich mich zu Bette lege, so denke ich an dich; wenn ich wach liege, sinne ich über dich nach (Psalm 63) - Herr, mein Gott, du bist sehr herrlich, du bist schön und prächtig geschmückt, Licht ist dein Kleid, das du anhast (Psalm 104)		Gegenwart / Zukunft
Dank	Als sie aber aßen, nahm Jesus das Brot, dankte, brach's ... / »Danke für diesen guten Morgen!«		Vergangenheit, Gegenwart

Bitte	- Dein Reich komme - Dein Wille geschehe - Unser tägliches Brot gib uns heute, und vergib uns unsere Schuld ... - führe uns nicht in Versuchung (Vaterunser)	1. Fürbittengebet: Ich bete für andere, zumal in öffentlicher Verantwortung / Bitte um Weisheit und Belehrung: »Lehre uns bedenken, dass wir sterben müssen« 2. Kurzgebetsformel 3. Frage (im Sinne einer Bitte um Antwort) 4. Hilferuf (verstärkte Bitte) 5. Aufforderung/ Befehl (deutlich verstärkte Bitte) 6. Einwände/ Widerspruch gegen Gott (Bitte, etwas nicht zu tun oder nicht zuzulassen) 7. Segensbitte	Nahe oder ferne Zukunft / das Ende der Zeit, die künftige Welt

B1 Fürbitte	Ich aber habe für dich gebetet, dass dein Glaube nicht aufhöre. (Lukas 22, 32a) / Ich aber sage euch: Liebt eure Feinde und bittet für die, die euch verfolgen (Matthäus 5, 44)	Segnung (Kurzform der Fürbitte, verbunden mit Selbstverpflichtung des Segnenden)	Gegenwart und Zukunft
B2 Kurzgebetsformel (meist mit Bitt-Charakter)	Maranatha! Kyrie, soson! Kyrie, eleison! (Gebetsformeln in Neuen Testament)		Gegenwart und Zukunft
B3 Frage (= Bitte um Antwort)	Was soll ich ihnen (den Israeliten) sagen? (2. Mose 3) / Mein Gott, warum hast du mich verlassen? (Psalm 22, Jesu Wort am Kreuz)		Alle Zeitebenen möglich
B4 Hilferuf (verstärkte Bitte um Hilfe)	Hilf Herr meines Lebens! / Aus der Tiefe rufe ich, Herr, zu dir (Psalm 130)		Gegenwart und Zukunft

B5 Aufforderung / Befehl (deutlich verstärkte Bitte)	Herr, höre meine Stimme! Lass deine Ohren merken auf die Stimme meines Flehens (Psalm 130)		Gegenwart und Zukunft
B 6 Einwände / Widerspruch gegen Gott (Bitte an Gott, etwas nicht zu tun oder nicht zuzulassen)	- Abrahams Bitte für Sodom - Mein Herr, sende, wen du senden willst! (2. Mose 4) - Ach Herr, ich tauge nicht zu predigen, denn ich bin zu jung (Jeremia 1)		Gegenwart und Zukunft
B 7 (Inklusive) Segensbitte	Herr, wir bitten, komm' und segne uns ...		Gegenwart und Zukunft

(Moralische oder liturgische) Selbstverpflichtung	Ich rede von deinen Zeugnissen vor Königen und schäme mich nicht (Psalm 119) / Ich schwöre und will's halten: Die Ordnungen deiner Gerechtigkeit will ich bewahren (Psalm 119) / Ich will dem Herrn singen, dass er so wohl an mir tut (Psalm 13)		Gegenwart und Zukunft
Gebetsabschluss	»Amen«		Gegenwart

VIII. Das Bittgebet

»Was ist der Glaube anders als eitel Gebet? Denn er versiehet sich göttlicher Gnaden ohne Unterlass. Versiehet er sich aber ihrer, so begehrt er ihrer von ganzem Herzen. Und das Begehren ist eigentlich das rechte Gebet.«[121]

1 Besonderheit und Problematik des Bittgebets

Konzentriert man das klassische christliche Gebet auf seine sechs oben unterschiedenen Grundelemente bzw. -formen, so kann man wohl sagen, dass neben der Anaklese/Anrufung (mit »Abba«) und der das Gebet abschließenden doxologischen Bekräftigungsformel (»Amen«) das aus Lob und Klage, Dank und Bitte bestehende »Kleeblatt« sichtbar wird:

Anaklese/Anrufung: Vaterunser, »Abba«

Lob	Klage
Dank	Bitte

Abschließende doxologische Bekräftigungsformel: Amen

Wilfried Härle hat – wie bereits oben dargestellt – die zentrale Bedeutung dieses »Kleeblatts« von sprachlichen Formen in Gebeten herausgearbeitet.[122] Dabei zeigt sich ihm zufolge einerseits eine symmetrische Struktur des Vier-

---

121 MARTIN LUTHER, WA 8, 369, 29–32.
122 WILFRIED HÄRLE: »Den Mantel weit ausbreiten«, 231–247. Härle unterscheidet in diesem Aufsatz auch zwischen expressiven und kommunikativen »Elementen« im Gebet, zwischen denen aber ein eher fließender Übergang bestehe. Wenn dies so ist, dann scheint mir der Begriff »Element« hier nicht völlig passend. Daher nehme ich ihn nicht auf.

ecks, andererseits aber auch eine logische Abfolge, die sich ihm als eine »originäre Bewegung« von der Klage über die Bitte hin zu Dank und Lob erschließt.[123] Natürlich ist eine solche Bewegung im Leben der Glaubenden möglich – und ereignet sich hoffentlich auch möglichst oft. Aber ebenso kann natürlich auch eine Klage oder Bitte am Ende eines Gebets stehen. Und auch dies ist ja häufig der Fall. Wer sich gerade in einer Notlage oder verzweifelten Situation befindet, der wird sein Gebet kaum mit Lob oder Dank abschließen, sondern vor dem »Amen« am Ende seine Klage und seine Bitten platzieren.

Mindestens zweierlei fällt im Blick auf das Element der »Bitte« auf:

Erstens kommen – ohne dies genauer quantifizieren zu können – *Bitten in Gebeten recht häufig* vor. Dieser Umstand könnte anthropologische Gründe haben (der Mensch als ein »Bedürfnis«- oder »Mängel«-Wesen), er ließe sich aber auch mit der auf dem jesuanischen Gebetsverständnis beruhenden kirchlichen Tradition erklären: »Jesu überlieferte Worte über das Gebet beziehen sich fast durchweg auf das Bittgebet.«[124]

Zweitens zeigt ein Blick auf die sechs »Grundelemente« des Gebets, dass die zeitliche Ausrichtung der jeweiligen Sprachform eine unterschiedliche ist: Die Anrede und der Abschluss richten sich (natürlich) auf die punktuell gegebene Gegenwart, während die Klage, der Dank und das Lob sich auf Vergangenheit und Gegenwart beziehen. *Nur und ausschließlich die Bitte zielt in die Zukunft.* Dabei kann es sich um eine irdische Zukunft handeln (»Gott, beende diesen Krieg!«) oder um das Eschaton, die jenseitig gedachte Zukunft (»Gott, schenke uns das ewige Leben!«). Das Bittgebet zielt also in eine andere Richtung als die an-

---

123 Ebd., 234.
124 RUDOLF BULTMANN: Jesus [1926], 126.

deren fünf Sprachformen oder Elemente. Das verleiht ihm von vornherein eine Sonderstellung. Durchaus eine fragile Sonderstellung, wie bereits aus der oben skizzierten Kritik Immanuel Kants gefolgert werden kann. Zum Bittgebet äußert er sich in besonders herabsetzender Weise: »Das Beten, als ein innerer förmlicher Gottesdienst und darum als Gnadenmittel gedacht, ist ein abergläubischer Wahn (ein Fetischmachen); denn es ist ein bloß erklärtes Wünschen, gegen ein Wesen, das keiner Erklärung der inneren Gesinnung des Wünschenden bedarf, wodurch also nichts getan und also keine von den Pflichten, die uns als Gebote Gottes obliegen, ausgeübt, mithin Gott wirklich gedient wird.«[125] Kant hat somit zwei Einwände gegen das Bittgebet: (1) Das Bittgebet sei überflüssig, weil es eine bloße Mitteilung an Gott sei, der als Allwissender diese Mitteilung nicht benötige. (2) Das Bittgebet erfülle keine moralische Pflicht, die den Glaubenden auferlegt sei, es sei daher irrelevant oder sogar schädlich – denn in der Religion komme es nur auf die Moral an.

Auf den ersten Einwand Kants werde ich im Kapitel über die »erfüllten Gebetsbitten« eingehen, indem ich argumentiere, dass Gott seine Allwissenheit gegenüber dem Menschen als freies Geschöpf nicht so weit ausdehnt, dass er in dessen Innerstes eindringt, als sei er eine Geheimpolizei, Wanze oder Drohne.

Friedrich Schleiermacher hat vor allem dem zweiten Einwand widersprochen, indem er weder Metaphysik noch Moral als für die Religion wesentliche Inhalte anerkannte. Wesentlich sei vielmehr für die Religion, dass Menschen in einer Abhängigkeitsbeziehung im Verhältnis zu Gott lebten[126] – sogar in einer Beziehung der »schlechthinni-

---

125 IMMANUEL KANT: Die Religion in den Grenzen der bloßen Vernunft, 263f (B 302).
126 Vgl. RAINER VOLP: Liturgik. Die Kunst, Gott zu feiern, Band 2: Theorien und Gestaltung, 1114.

gen Abhängigkeit«, die im Medium des »Gefühls« erfahren werde. Genau diese Abhängigkeitserfahrung aber drückt sich im Gebet und auch im Bittgebet aus. Denn wer unabhängig existiert, muss weder danken noch bitten.

2 Wider das »Blockuniversum«: Beten hält die Zukunft offen

Ist unsere Zukunft offen oder festgelegt (»determiniert«)? Es gibt philosophische, sozialwissenschaftliche und physikalische Theorien, die von einer festgelegten Zukunft ausgehen. Um mit der Physik zu beginnen: War es früher die Himmelsmechanik eines Pierre-Simon Laplace, so bietet das neue Buch von Sabine Hossenfelder[127] ein aktuelles Beispiel, das ich hier illustrativ aufgreifen möchte. Sie vertritt darin die spekulative kosmologische These, dass wir Menschen in einem »Blockuniversum« lebten. In einem solchen Universum vergeht kein Moment jemals wirklich, da Zeit- und Raumpunkte in ihm »ontologisch ebenbürtig« sind. In ihm wären Vergangenheit, Gegenwart und Zukunft vollkommen determiniert. Die Weltwirklichkeit wäre demnach ein immer schon feststehendes, vierdimensional in sich geschlossenes deterministisches Ganzes. Es gäbe also keine offene Zukunft. Diese Hypothese steht mit einer ganz bestimmten (aber keineswegs der einzig möglichen) Deutung der Einstein'schen Allgemeinen Relativitätstheorie in Einklang. Beweisen lässt sie sich nicht.[128]

---

127 Sabine Hossenfelder: Mehr als nur Atome.
128 Die Sichtweise der Autorin ist freilich im engeren Sinne des Wortes keine physikalische, also auf die Inhalte des Faches »Physik« beschränkt. Vielmehr handelt es sich um eine metatheoretische, letztlich philosophische Deutung einer physikalischen Theorie. Die These vom »Blockuniversum« bewegt sich daher bereits im Feld der Philosophie bzw. Wissenschaftsphilosophie.

Ähnlich wie die These vom »Blockuniversum« argumentieren auch einige geschichtsphilosophische und sozialwissenschaftliche Theorien, die die Weltwirklichkeit als ein deterministisches Ganzes sehen. Wird sich am Ende der Geschichte der absolute Geist (Hegel) offenbaren? Wird die »klassenlose Gesellschaft« (Marx) oder aber der kapitalistische Liberalismus triumphieren (Francis Fukuyama) – hat er es vielleicht schon, ist das »Ende der Geschichte«[129] schon da? Wird die Menschheit sich notwendig selbst zerstören oder findet sie den Weg in eine gute irdische Zukunft? Eine grundsätzlich deterministische Weltwirklichkeit ist für unsere menschliche Psyche sicher schwer erträglich. Sie ist allerdings eine, aber auch *nur* eine Möglichkeit, wie unser Kosmos im Ganzen begriffen werden kann. Und die geschichtsphilosophischen und sozialwissenschaftlichen Theorien, die einen Determinismus propagieren, werden heute sogar überwiegend abgelehnt.

Immer geht es in den »Blockuniversum«-Theorien (wie ich alle diese deterministischen Theorien hier abkürzend nenne) um eine ganz bestimme Auffassung von der *Zeit*. Die Pointe dieser Theorien heißt: Die Zukunft steht fest. Sie ist nicht offen. Ich nenne hier einmal drei voneinander grundsätzlich unabhängige Argumente, die der These des »Blockuniversums« widersprechen:

Da ist erstens die aus der *Quantenmechanik* gewonnene Einsicht, dass es im Mikrokosmos, also auf (sub-) atomarer Ebene, Gegenstände gibt, die sich nicht als einzelne Phänomene, sondern nur statistisch im Blick auf eine größere Anzahl von Phänomenen vorhersagen lassen. Ein zweites Phänomen, das der deterministischen Auffassung widerspricht, ist die *Existenz von »Black Holes«*, also Bereichen der Raumzeit, die für uns unvorhersehbar und unberechenbar sind. Stephen Hawking, der diese beiden Ar-

---

129 Immerhin – diese These von Fukuyama scheint falsifiziert.

gumente gebündelt vorgetragen hat[130], folgert aus ihnen, dass die Zukunft auch aus naturwissenschaftlicher Sicht keineswegs festgelegt ist. Wenn Hawking Recht hat, dann kratzt das die Blockuniversum-These erheblich an. Für den Astrophysiker Heino Falcke steht ebenfalls fest: »Die Welt ist nicht vorhersehbar, und zwar grundsätzlich nicht! [...] Der Determinismus ist das rosa Einhorn der Physiker: Es ist in ihren Träumen faszinierend, aber in der Wirklichkeit nicht existent.«[131]

Zweitens lässt sich *aus philosophischer Perspektive* – und hierbei beziehe ich mich auf die soziale Dimension der Zeit – mit Kant die These von der *Freiheit des Menschen* immerhin *postulieren*. Wie die beiden anderen Postulate der praktischen Vernunft – der Gedanke Gottes und die Idee der »Unsterblichkeit der Seele« – lässt auch dieses Postulat sich nicht zwingend (deduktiv) begründen, sondern nur fordern. Es ist – wenn Otfried Höffe Recht hat – eine aus der *Hoffnung* selbst abgeleitete Forderung.[132] Wenn man dieses Postulat allerdings vertritt, dann kann die Zukunft ebenfalls nicht determiniert sein. Sie muss – zumindest bis zu einem gewissen Grad – offen und von und für Menschen gestaltbar sein. Dass das Kant'sche Postulat sich in mancherlei Hinsicht auch mit den Lebenserfahrungen deckt, die viele von uns machen, kann aber in diesem Zusammenhang nur ein flankierender Gesichtspunkt und kein tragfähiges Argument sein. Denn apriorische Argumentationen lassen sich niemals aus der Empirie und somit aposteriorisch begründen.

Ein drittes Argument folgt der berühmten Reflexion des Aurelius Augustinus über das Wesen der Zeit. Im

---

130 STEPHEN HAWKING: Kurze Antworten auf große Fragen, 113–122.
131 HEINO FALCKE/JÖRG RÖMER: Licht im Dunkeln, 312.
132 OTFRIED HÖFFE: Immanuel Kant, 248. Höffe weist allerdings darauf hin, dass diejenige Hoffnung, die Kant meint, keine schwärmerische Hoffnung darstellt, sondern philosophisch begründbar ist.

11. Buch der »Confessiones« (»Bekenntnisse«) hat Augustinus argumentiert, dass *nur die jeweilige Gegenwart real bzw. von einer ontologischen Dignität* sein könne: Denn das Vergangene existiere »nicht mehr«, die Zukunft sei »noch nicht«. Real sei somit nur die punktuell existierende und im Fluss befindliche jeweilige Gegenwart. Augustin staunt darüber, dass die Vergangenheit offenbar *nicht mehr* ist, die Zukunft aber *noch nicht*, während die Gegenwart so flüchtig ist, dass es scheint, als gebe es sie ebenfalls nicht. Was ist oder besser was wäre dann die Zeit, wenn sie mehr *nicht* ist, als sie ist?

»Das aber ist jetzt evident und klar: Zukünftiges und Vergangenes sind nicht; die Behauptung, es gebe drei Zeiten, Vergangenheit, Gegenwart und Zukunft, trifft nicht im strengen Sinne zu. Im strengen Sinne müsste man wohl sagen: Es gibt drei Zeiten, die Gegenwart von Vergangenem, die Gegenwart von Gegenwärtigem und die Gegenwart von Zukünftigem. Denn diese drei sind in der Seele in einem gewissen Sinne, und anderswo finde ich sie nicht: die Gegenwart des Vergangenen als Erinnern, die Gegenwart des Gegenwärtigen als Anschauen, die Gegenwart des Zukünftigen als Erwarten.«[133]

Es bleibt dann noch eine punktuelle Gegenwart, in der die drei »Zeiten« offenbar komprimiert zusammen existieren, als eine Art »Ausdehnung (in) der Seele« (»distentio animi«)[134]. Darauf läuft Augustins Argumentation hinaus. Und dieser Seelenzustand ist flüchtig und fragil, Zeit ist also ein bloßer Ausdruck des unruhigen menschlichen Herzens[135]. Der Mensch in seiner Zeitlichkeit ist ein ruhelo-

---

133 Aurelius Augustinus: Confessiones – Bekenntnisse, 597–599.
134 Ebd., 611.
135 So charakterisiert Augustin gleich zu Beginn seines Werkes die menschliche Seele: »inquietum est cor nostrum / unruhig ist unser Herz«, in: Ebd.,34f.

ses Nichts gegenüber der Ewigkeit Gottes und eben deshalb auf der Suche nach Ruhe in Gott. *Wer aber auf der Suche ist, für den ist die Zukunft offen.*

Nun liegt es auf der Hand, dass die Vergangenheit jedenfalls in der Weise in unserer Wirklichkeit präsent ist, dass sie die Gegenwart in ihrem So-sein bestimmt und in diesem Sinne auch nicht verändert werden kann: Cäsar starb nun einmal an den Iden des März, der Zweite Weltkrieg fand statt und endete 1945, und jeder Mensch ist das Kind seiner Eltern und kann diese Tatsache nicht ungeschehen machen. Deshalb kann man sich auch vorstellen, dass die Vergangenheit *und* die Gegenwart real seien, und zwar die Vergangenheit als notwendige (nicht mehr veränderbare), die Gegenwart aber als kontingent-dynamische. Auch in diesem Modell aber ist die Zukunft als offen gedacht, also als ein Zeitraum, der niemals eindeutig vorhersehbar ist und etwa von uns Menschen im Rahmen der uns gegebenen, begrenzten irdischen Möglichkeiten prinzipiell gestaltet werden kann. Die theologische Begründung für die Offenheit der Zukunft schließt den Gedanken ein, dass wir Menschen »endliche Freiheit« sind – Begriff und Gedanke finden sich beispielsweise in der Theologie von Paul Tillich[136].

Mit dieser theologischen, anthropologischen und sozialen Sicht korrespondieren auch Idee und Praxis des Bittgebetes. Denn sie implizieren eine grundsätzlich offene, veränderbare und zumindest in gewissen Grenzen auch von Menschen gestaltbare Zukunft. Wer das Bittgebet ernst nimmt und an dessen Sinnhaftigkeit glaubt, dessen Bild von Gott, von der Wirklichkeit im Ganzen und vom Men-

---

136 Tillich unterscheidet die drei »ontologischen Elemente« von Individualisation/Partizipation, Dynamik/Form und Freiheit/Schicksal voneinander. Er charakterisiert den Menschen als »endliche Freiheit«. Genauer gesagt, unterliegt seine Existenz der ontologischen Polarität von Freiheit und Schicksal – Gott aber *ist* Freiheit und hat daher *kein* Schicksal. Vgl. PAUL TILLICH: Systematische Theologie, Bd. I, 206–218, dort 214–218.

schen schließt die Elemente der Offenheit und Freiheit im Blick auf die Zukunft ein. Es gibt eben gute sachliche Gründe für die Aussage: »Eine Rekonstruktion der Welt, die nicht berücksichtigen würde, dass die Welt sich als Raum von Möglichkeiten entwickelt – und genau dies ihre Wirklichkeit ausmacht –, verfehlte gänzlich die ›wirkliche‹ Welt.«[137]

Und wer überhaupt zu Gott betet, der vertraut meist auch darauf, dass dieser eine gute individuelle, soziale, globale, kosmische und sogar jenseitige Perspektive bereithält, die als »Zukunft« auf uns »zukommen« kann. Ein klassisches Symbol für diese Perspektive heißt »Reich Gottes«. Dieses Symbol stand im Zentrum der von Naherwartung gekennzeichneten Predigt Jesu: »Die Zeit ist erfüllt, und das Reich Gottes ist herbeigekommen. Tut Buße und glaubt an das Evangelium!« (Markus 1, 15). Daher stellt das Beten um das »Kommen« dieses Reiches auch eine der fundamentalsten Bitten des von Jesus gelehrten Vaterunsers dar. Aber nicht nur diese Bitte zielt auf eine Erfüllung ab.

3 Erfüllte Gebetsbitten – drei biblische Beispiele

Die Bibel ist bekanntlich voller Gebete und in vielen dieser Gebete finden sich an Gott gerichtete Bitten. Ich greife hier einige wenige Beispiele heraus: das Gebet des Königs Salomo, das Gebet von Zacharias und Elisabeth und ein Gebet Jesu.

Im sogenannten »Alten Testament« ist aus der Frühzeit des Reiches Israel die Geschichte überliefert, dass König Davids Sohn *Salomo*, der von 965 bis 926 vor Christus in Israel regiert haben soll, Gott in einem Gebet um die Gabe

---

137 HANS-PETER GROSSHANS: Perspektivität des Erkennens und Verstehens als Grundproblem theologischer Rationalität, Sp.365.

der Weisheit gebeten habe: »So wollest du deinem Knecht ein gehorsames Herz geben, dass er dein Volk richten könne und verstehen, was gut und böse ist.« (1. Könige 3, 9a) Gott habe sich an dieser Bitte erfreut und versprochen, Salomo ein »weises und verständiges Herz« (1. Könige 3, 12) zu geben. Damit wird – unabhängig von der Frage der Historizität dieser wie auch anderer biblischer Erzählungen – illustriert, dass bereits in der Bibel Bittgebete enthalten sind, die selbst Immanuel Kants strengem Maßstab genügen würden, weil sie letztlich nichts anderes dokumentieren als die Bitte um Weisheit und die eigene moralische Besserung. Ebenso beansprucht die Erzählung nicht, dass infolge einer möglichen Gebetserfüllung Naturgesetze durchbrochen oder aufgehoben werden.[138]

Bekanntlich werden *Jesus von Nazareth* im sogenannten »Neuen Testament« eine ganze Reihe von Gebeten zugerechnet, die meisten von ihnen bestechen durch die Kürze und Prägnanz, in der sie geschildert werden. Dem Evangelisten Lukas zufolge betete Jesus am Kreuz für seine Feinde und Peiniger: »Vater, vergib ihnen; denn sie wissen nicht, was sie tun!« (Lukas 23, 34). Diese Darstellung steht einerseits im Einklang mit Jesu Gebot der »Feindesliebe«, andererseits mit dem Wortlaut des »Vaterunsers«, in dem um Vergebung für die Menschen gebeten wird, die an »uns« schuldig geworden sind. Der Evangelist Lukas lässt offen, ob dieses Gebet von Gott erhört wurde. Der Duktus des Evangeliums legt aber nahe, dass dies geschehen ist.

---

138 Natürlich gibt es zahlreiche Bibelstellen, in denen von Gottes Handeln so erzählt wird, als würde mit ihm die Ursache-Wirkungs-Kette unterbrochen. Nur hatten die Verfasser der Bibeltexte noch keinerlei zureichende Vorstellung von Naturgesetzen oder der Bedeutung einer Kategorie wie »Kausalität«. Derartige Darstellungen sind für unseren heutigen Glauben daher in einem *naturwissenschaftlich* bedeutsamen Sinn nicht relevant. Dass sie gleichwohl *existentiell* relevant sind und daher einer *existentialen* Interpretation zugänglich gemacht werden können, war Rudolf Bultmanns unhintergehbare Einsicht.

So wird Jesu Gebet zum Muster der Fürbitte für andere Menschen, einschließlich der je-eigenen Feinde. Wenn Menschen Gott um die Vergebung von eigener und fremder Schuld und Sünde bitten und Gott diese Gebete erhört, wird auch zwischen den Menschen Versöhnung möglich. Um Menschen ihre Schuld zu vergeben, muss Gott aber keine Naturgesetze außer Kraft setzen. Er muss vielmehr eine von Menschen gestörte oder gar zerstörte Beziehung von seiner Seite aus wieder »reparieren« und diesen so einen existentiellen Neuanfang ermöglichen. So bekommt durch Jesus, den »Hauptdarsteller Gottes«[139], das Vaterunser eine Rolle im Versöhnungsgeschehen zwischen Gott und den Menschen und den Menschen untereinander.

Ein klassisches Erzählmotiv stellt der im Anschluss an ein Bittgebet erfüllte Kinderwunsch einer scheinbar unfruchtbaren Frau oder eines Ehepaars in höherem Lebensalter dar. Im Lukasevangelium etwa[140] wird von dem Ehepaar *Zacharias und Elisabeth* erzählt, die, obwohl schon in einem höheren Lebensalter, ihre Sehnsucht nach einem Kind vor Gott tragen (Lukas 1, 5ff). Gott erfüllt ihren in Form eines Bittgebets vorgetragenen Wunsch.[141]

Worin besteht nun die eigentliche Erfüllung oder Erhörung? Die Geschichte hat meines Erachtens zwei Pointen: Erstens wird Elisabeth tatsächlich schwanger und schenkt ihrem Sohn Johannes (dem späteren »Täufer«) das Leben.

---

139 EBERHARD MARTIN PAUSCH: Jesus, Hauptdarsteller Gottes?, 73–88.
140 Eine sehr ähnliche Geschichte findet sich schon im Ersten Buch Samuel. Dort ist von Hanna, der Frau des Priesters Elkana, die Rede. Sie bittet Gott um ein Kind und er erfüllt ihren Wunsch. Sie wird Mutter des Propheten Samuel (1. Samuel 1,20).
141 Diese Geschichte und das Motiv der erfüllten Gebetsbitte begegnen auch in der Sure 19 des Korans. Vgl. DER KORAN, Sure 19. Aus dem Arabischen übersetzt von *Max Henning*, Einleitung und Anmerkungen von *Annemarie Schimmel*, durchgesehene und verbesserte Ausgabe Stuttgart 1991/1996, Verse 1–11(12), 291f. Die Sure 19 erzählt aus islamischer Sicht die Vorgeschichte der Geburt Jesu, mit mancherlei Parallelen und auch markanten Unterschieden zu der im Lukasevangelium dargebotenen Erzählung.

Historisch-kritischer Exegese zufolge handelt es sich bei dieser Geschichte um eine fiktive Erzählung. Aber selbst wenn sie von einem realen Ereignis gehandelt hätte, bedarf die Geburt eines Kindes ja nicht eines Wunders im Sinne einer Durchbrechung von Kausalketten. Denn auch ein älteres Paar kann manchmal noch (unerwartet, aber biologisch möglich) ein Kind geschenkt bekommen.

Die zweite, vielleicht wichtigere Pointe besteht in dem, was das griechische Verb für »Gebetserhörung« beinhaltet. »*Eisakouein*« (Lukas 1, 13) heißt nämlich, wörtlich ins Deutsche übersetzt: »hineinhören«. Gott hat in Zacharias »hineingehört«. Gott hört also in Menschen hinein, wenn sie sich im Gebet an ihn wenden. Das scheint zwar das Mindeste zu sein, was von einem Bittgebet zu erwarten ist: Gott hört den betenden Menschen zu, er hört »in sie hinein«. Aber das ist nur auf den ersten Blick selbstverständlich. Denn zum einen besagt es, dass wir es Gott wert sind, uns zuzuhören mit unseren Anliegen, Sorgen und Nöten. Wir Menschen sind dem allmächtigen Schöpfer der Welt *nicht gleichgültig*![142]

Zum zweiten besagt es, dass Gott *keineswegs immer* in uns »hineinhört«. Auch das ist nicht selbstverständlich. Zwar geht ein Christenmensch davon aus, dass Gott ihm grundsätzlich »näher ist als dieser sich selbst«[143]. Ein ähnlicher Gedanke findet sich auch im Islam.[144]

---

142 Auch im Hebräerbrief findet sich das Verbum »eisakouein«. Dort heißt es über Jesus, er sei »erhört und aus seiner Todesnot befreit worden« (Hebräer 5,7). Eugen Biser weist als Ausleger dieser Bibelstelle darauf hin, dass die »Erhörung« Jesu sich nur auf dessen Gottesverhältnis beziehen könne, da ja jede himmlische und menschliche Hilfe für ihn ausgeblieben sei. Auch in diesem Fall besagt »Erhörung« zwar das »Hineinhören« in den betenden Menschen, aber nicht die Erfüllung seiner Gebetsbitte. Vgl. Eugen Biser: Jesus, 80f.
143 Gerhard Ebeling: Dogmatik des christlichen Glaubens, Bd. 1, 242.
144 Vgl. Der Koran, Sure 50, 16: »Und wahrlich, Wir erschufen den Menschen, und Wir wissen, was ihm seine Seele einflüstert, denn Wir sind ihm näher als die Halsader«.

Aber folgt daraus notwendig, dass Gott eine Art Gedankenpolizei darstellt, der in unseren Gehirnen kleine »Wanzen« oder »Drohnen« installiert hat, die uns unentwegt beobachten und abhören? Ich stelle mir Gott nicht so vor. Im Umgang mit den Menschen als Wesen, die er nach seinem Bilde geschaffen hat (1. Mose 1,27) und die nur wenig niedriger stehen als er selbst (Psalm 8,6), ist es doch viel plausibler anzunehmen, dass mit der uns geschenkten Würde auch die Freiheit verbunden ist, uns für Gott zu öffnen. Das heißt: Wenn Gott uns Freiheit lässt, im Handeln, im Fühlen und im Denken, dann weiß er zwar sehr wohl, was wir tun, fühlen und denken *könnten*. Was wir aber *tatsächlich* tun, fühlen und denken, das sieht auch Gott erst in dem Augenblick, in dem es geschieht – und im Blick auf unser Denken und Fühlen wohl auch nur in dem Maße, in dem wir uns ihm öffnen. Ist es zu anthropomorph gedacht, wenn ich mir Gott so vorstelle, dass er als Implikation unserer Freiheit den Betenden *auch* die Freiheit schenkt, ihm ihre Herzen »auszuschütten«, ob, wann, wie und in welchem Ausmaß sie dies tun wollen? An dieser Stelle widerspreche ich somit der Annahme Immanuel Kants, die auch bei vielen anderen Denkenden (vor allem im Bereich der Theologie) vorherrscht, dass Gottes Eigenschaft der »Allwissenheit« notwendig einschließe, dass er jederzeit alles wisse und wahrnehme, was auf der Welt und mit und in uns Menschen geschieht. Das sehe ich anders, weil ich den liebevollen Schöpfergott nur als den verstehen kann, der uns Menschen dank der uns von ihm selbst verliehenen Freiheit und Würde tatsächlich auch intime Seelenräume zu haben gestattet. Ebenso wie Gottes *Allmacht* eine durch die von ihm selbst geschaffenen Naturgesetze eingeschränkte Macht darstellt, ist auch seine *Allwissenheit* eingeschränkt durch die Freiheit, die er uns Menschen gewährt.

4 Nicht erfüllte Gebetsbitten – zwei biblische Beispiele: Jesus und Paulus

Die Bibel enthält im »Neuen Testament« aber auch zwei markante Geschichten, die davon erzählen, wie Gott Gebetserfüllungen verweigert. Sie betreffen Jesus und Paulus, somit zwei biblische Zentralgestalten.

Friedrich Schleiermacher knüpft in seinen Überlegungen zum Bittgebet an die Erzählung von Jesu Gebet im Garten Gethsemane an.[145] Jesu Bitte, der »Kelch des Leidens« möge an ihm vorübergehen, wird von Gott bekanntlich nicht erfüllt. Allerdings hatte Jesus in seinem Gebet ausdrücklich – in voller Übereinstimmung mit dem von ihm gelehrten Mustergebet (»Vaterunser«) – hinter seine Bitte den Vorbehalt gestellt: »[...] doch nicht, was ich will, sondern was du willst!« (Markus 14, 36b). Jesus bat in Gethsemane somit tatsächlich um Verschonung seines Lebens, meint Schleiermacher. Er klammerte diese Bitte aber zugleich in den Vorbehalt ein, Gottes Wille möge in Erfüllung gehen. Seine direkte Bitte wurde nicht erfüllt, die von ihm geäußerte Meta-Bitte aber sehr wohl, denn – so sieht es der Evangelist – am Ende geschah Gottes Wille. Schleiermacher deutet den Fortgang des Textes schlicht psychologisch: Im Bittgebet erneuerte sich Jesu Gottvertrauen, und er gewann Mut und Tapferkeit, sich aus seiner Ohnmacht zu erheben und sich seinen Gegnern und Feinden zu stellen. Für Schleiermacher steht dabei aber fest: Gottes Wesen ist ohnehin *unveränderlich*[146], so dass nicht

---

[145] Friedrich Daniel Ernst Schleiermacher: Die Kraft des Gebetes, in so fern es auf äußere Begebenheiten gerichtet ist (1801), 167–178.

[146] Ebd., 173. Der Platon-Übersetzer Schleiermacher steht mit seiner Auffassung von der »Unveränderlichkeit« (incommutabilitas) Gottes mitten im breiten Strom der platonisch inspirierten christlichen Theologie, der von Augustinus bis in die Gegenwart reicht.

er sich änderte durch das Gebet, aber Jesus. Und so – das ist die Pointe der Geschichte – *können auch wir uns verändern durch das Gebet*, wenn wir in unserer Bezogenheit auf Gott ihm unsere Not und unsere Bitten mitteilen und diese einklammern durch den Vorbehalt, *sein* Wille möge geschehen – und nicht der unsere.

Der Wille Gottes bildet somit, so Wilfried Härle mit einer glücklichen Formulierung, die »Klammer«, die vor allen Gebetsbitten der Christenmenschen stehen sollte.[147]

Das Neue Testament enthält neben der Gethsemane-Erzählung noch eine weitere sehr eindrückliche Geschichte, in der ein Betender seine Bitte von Gott *nicht* erfüllt bekommt. Diese Geschichte ist auch deshalb so bemerkenswert, weil der Beter (der Apostel Paulus) sie selbst in einem seiner Briefe mitgeteilt hat. Paulus erzählt von einem »Pfahl im Fleisch« (»skolops« bedeutet Pfahl, Splitter, Dorn), den er auch als »des Satans Engel« bezeichnet. Gemeint ist offenbar eine schwere Erkrankung, die sein Leben überschattet und beeinträchtigt. Die Forschung ist sich nicht einig, welche Erkrankung damit gemeint ist: Handelt es sich um Depressionen, um chronische Kopfschmerzen? Oder um Epilepsie oder etwa eine Augenerkrankung, die zeitweise zu Erblindungserscheinungen führte?[148] Im Blick auf dieses Leiden jedenfalls sagt Paulus: »Seinetwegen habe ich dreimal zum Herrn gefleht, dass er von mir weiche. Und er hat zu mir gesagt: Lass dir an meiner Gnade genügen; denn meine Kraft vollendet sich in der Schwachheit.« (2. Korinther 12, 8f)

Rudolf Bultmann erläutert zur Wendung »*arkei soi*« (=«Lass dir genügen«), damit sei zunächst ein »zurückwei-

---

147 WILFRIED HÄRLE: »Den Mantel weit ausbreiten«, 244f.
148 Für die These der Augenkrankheit könnte der Vers Galater 4,15 sprechen, aber auch die Schilderungen der Apostelgeschichte zum »Damaskus-Erlebnis« des Apostels. Zur Offenheit der Forschungssituation vgl. exemplarisch EDUARD LOHSE: Paulus, 80–83.

sender Bescheid« gemeint. Dieser trage aber keine resignativen Züge, sondern habe den Sinn, damit könne Paulus auskommen, mehr sei nicht notwendig. »Das Sich Begnügen ist wirklich ein Genug-Haben.«[149] Die Bitte des Paulus um Heilung wird also nicht erfüllt. Aber Gott spricht zu ihm und verweist ihn auf die ihm geschenkte »Gnade« (Charis). Worin diese Gnade inhaltlich besteht, wird an dieser Stelle nicht gesagt – aber sehr wohl, wie sie wirkt, nämlich als eine Kraft (Dynamis), die sich gerade »in der Schwachheit« vollendet. Aus diesem Wort, das Paulus von Gott empfangen zu haben meint, gewinnt er Mut für die Herausforderungen, in denen er steht. Und er nimmt es zum Anlass, sich seiner »Schwachheit« zu rühmen – eine paradoxe Alternative zu seinen Gegnern in Korinth, die sich auf ihre »Stärke« als »Hyperapostel« (sozusagen »Superhelden des Glaubens«) berufen. Jedenfalls kann man sagen: Gott hat Paulus, wie dieser meint, geantwortet. Er hat seine konkrete Bitte nicht erfüllt, ihm aber ein anderes, vielleicht wichtigeres Geschenk gemacht: seine Gnade.

Aus den beiden hier benannten biblischen Beispielen wird zunächst einmal auf einer ganz elementaren Deutungsebene ersichtlich: Gott ist kein »Wunsch-o-mat«, keine Gebetserfüllungsmaschine.[150] Kant und Schleiermacher gehen in ihren Überlegungen zum Sinn des Gebets aber noch einen Schritt weiter: Für Kant ist – wie wir oben sahen – das Bittgebet ohnehin keine Option, denn das Beten kann nur und ausschließlich dazu dienen, mir das eigene moralische Sollen vor Augen zu stellen. Schleiermacher wendet sich zwar gegen eine rein »moralistische« Deutung des Gebets, aber auch er lehnt den Gedanken ab, dass Gott Bittgebete erhört, indem er einfach (»mecha-

---

149   Rudolf Bultmann: Der zweite Brief an die Korinther, 228.
150   Der Wunsch-o-mat bleibt vielmehr realen kommerziellen Zwecken vorbehalten oder findet sich als »Wünsch-o-mat« allenfalls in den »Lustigen Taschenbüchern« des Disney-Verlages (LTB 532).

nisch«) den Wunsch der Betenden erfüllt.[151] Das Bitten ist nämlich eine *personale* Kategorie, und die Erfüllung einer Bitte ist ebenfalls eine personale und keine kausale Kategorie.

5 »Wunder gibt es immer wieder« – durch Gebete?

Falls Gebete – speziell auch: Bittgebete – die Wirklichkeit verändern können sollten, in welchem Sinn wäre das dann der Fall? Müssen dazu »Wunder« geschehen? Was sind bzw. wären Wunder denn überhaupt? Die »klassische« Definition des Wunders lautet: Wunder seien auf Gott zurückzuführende »Durchbrechungen« der Kausalkette, also des Ursache-Wirkungs-Zusammenhangs der physisch-natürlichen Wirklichkeit.

Von dieser Definition des Wunders haben sich heute Theologie und Philosophie weitgehend verabschiedet. Es war bereits von Immanuel Kant die Rede, der ironisch vermerkte, dass Wunder »nicht jedermanns Sache«[152] seien oder sie sogar als »Wahnglauben«[153] bezeichnete. Ich nenne hier ferner exemplarisch Paul Tillich, der »Wunder« schlicht, aber im Einklang mit dem Johannesevangelium (wo Wunder »Semeia«, also »Zeichen«, genannt werden), als »zeichengebende Ereignisse« interpretiert.[154] Der Phi-

---

151 »bitte ich euch [...], ja nicht zu glauben, dass um Eures Gebetes Willen dasjenige geschehen werde, was ihr bittet.« So appelliert FRIEDRICH DANIEL ERNST SCHLEIERMACHER: Die Kraft des Gebetes, in so fern es auf äußere Begebenheiten gerichtet ist (1801), 171. Darf man daraus folgern: Es mag zwar geschehen, aber wenn, dann, weil Gott es immer schon so vorgesehen hat, nicht aber, weil wir ihn darum gebeten haben?
152 IMMANUEL KANT: Die Religion innerhalb der Grenzen, 219 (= B246).
153 Ebd., 263 (= B301).
154 PAUL TILLICH: Systematische Theologie Bd. I, 139–142. Tillich ist es sehr wichtig, in diesem Zusammenhang zu betonen, dass zeichengebende Ereignisse, etwa durch Jesus geschehene Heilungen, nicht die rationale Struktur der Wirklichkeit zerstören.

losoph Holm Tetens, der vor einigen Jahren einen »Versuch über rationale Theologie« publiziert hat[155], argumentiert, dass Gott als Schöpfer der Welt durch die prinzipiell geordnete und berechenbare Struktur der Natur den Menschen eine verlässliche Orientierung in dieser Welt und auf dieser Grundlage auch Handlungssicherheit ermöglicht.

»Gott muss also die Natur durch Gesetze bestimmt denken, auf die sich Menschen in ihrem planmäßigen Handeln verlassen dürfen und die sie in endlich vielen Schritten durch experimentelle Forschung auch erkennen. Schon von daher lassen Naturgesetze keine willkürlichen, unvorhersehbaren und unerklärbaren Ausnahmen zu. Mithin muss Gott eine Natur wollen, in der sich keine Wunder ereignen.«[156]

Auch Wilfried Härle hat sich mit der Frage befasst, ob Gottes Wunder die Naturgesetze durchbrechen. Seine Antwort ist wenig überraschend: Nein, das tun sie nicht. Und zwar deshalb nicht, weil auf Gott »Verlass ist« und die Naturgesetze ein Ausdruck der »Treue Gottes« gegenüber der von ihm geschaffenen Welt sind.[157] Vielmehr besteht die Pointe göttlichen Handelns gerade darin, dass Gebetserhörungen durch Ereignisse geschehen, die gemäß der geltenden Naturgesetze ablaufen.[158]

Ich belasse es bei diesen Hinweisen. Auch ich selbst kann mir nicht vorstellen, dass Gott seinem eigenen Handeln in irgendeiner Weise widersprechen und seine Geschöpfe dadurch irritieren und überfordern würde. Aber unsere Welt ist auch so bunt, reichhaltig, erstaunlich und wunderbar genug – ob es die durch das James-Webb-Tele-

---

155 HOLM TETENS: Gott denken.
156 Ebd., 43.
157 WILFRIED HÄRLE: »... und hätten ihn gern gefunden«, 182–187.
158 So VINCENT BRÜMMER: Was tun wir, wenn wir beten, 60; sowie insgesamt zum Thema »Gottes Handeln und die Naturgesetze«: ebd., 59–63.

skop neu erschlossenen faszinierenden Weiten des Universums betrifft oder die Vielfalt der irdischen Flora und Fauna oder aber die noch lange nicht hinreichend ausgeloteten Rätsel der Quantenmechanik.

In Shakespeares »Hamlet« findet sich dazu der passende Satz: »There are more things in heaven and earth, Horatio, / Than are dreamt of in your philosophy.«[159] Und kein Geringerer als Martin Luther hat die Geburt eines Kindes als ein Wunder gedeutet, bei dem man Gott gewissermaßen »auf frischer Tat ertappt« habe.[160]

Christiane Tietz verweist in ihrem anregenden Text: »Was heißt: Gott erhört Gebet?«[161] ebenfalls auf Luther, der in einer seiner Tischreden berichtete, dass er, seine Frau Käthe sowie Philipp Melanchthon todkrank waren und nach einem Gebet gesund wurden. Doch seien solche Beispiele eher »schlechte Miracula«, denn sie hätten nur Bedeutung für die »Schwachen im Glauben«. Die viel größeren Wunder bestünden darin, dass »[...] unser Herr Gott alle Tag in der Kirchen täuft, das Sacrament des Altars reicht, absolviret und befreit von der Sünde, vom Tod und ewiger Verdammnis«[162].

An die Durchbrechung von Kausalketten muss also keineswegs gedacht werden, wenn von der Erhörung von Gebeten oder der Erfüllung von Gebetsbitten die Rede ist.

---

159 WILLIAM SHAKESPEARE: Hamlet, 72.
160 Ich danke *Wilfried Härle* herzlich dafür, dass er mir die Quelle dieses Lutherwortes genannt hat. Luther hat die Aussage nach eigenen Worten vom Kirchenvater Cyprian übernommen. Luthers Wortlaut: „[5] Alßo thet S. Cyprianus, der treffliche grosse man und heyliger merterer, [6] und schreybt, man soll eyn kindlin, wenn es geporn und noch ungetaufft ist, [7] kussen tzu ehren den gotlichen henden als auff frisscher thatt begriffen. Was [8] meynstu, wurd er sagen von eym getaufften kindlin? Das ist eyn rechter [9] Christen man geweßen, der gottis werck und creaturn recht erkant und [10] angesehen hatt." (MARTIN LUTHER, WA 10/2, 297,5-10).
161 CHRISTIANE TIETZ: Was heißt: Gott erhört Gebet?, 327–344.
162 MARTIN LUTHER: WA.TR 6, Nr. 6751, zitiert bei CHRISTIANE TIETZ: Was heißt: Gott erhört Gebet?, 343f.

Denn sowohl eine Bitte als auch die Erfüllung einer Bitte sind personale und keine kausalen Kategorien. Wenn Gott Menschen ihre Schuld vergibt (worum wir im »Vaterunser« ausdrücklich bitten), dann bedarf es dazu in keiner Weise einer Aufhebung von Naturgesetzen, sondern lediglich seines liebevollen Willens. Wunder geschehen also tatsächlich immer wieder – wo Gebete sich an den liebevollen Schöpfer der Welt richten und sein Wesen als Liebe erfahrbar wird.

6   Was heißt: »Erhörung« von Gebeten?

Scheinbar erhört Gott keineswegs jedes Bittgebet. Er erfüllt jedenfalls nicht alle Bitten der Betenden – oder geschieht dies vielleicht doch, und wir nehmen es nur nicht hinreichend wahr? Hierzu einige Gedanken, die um die dreifache These kreisen:
- Gott erhört Gebete.
- Menschen können nicht bewirken, dass Gott Gebete erhört.
- Sofern Gott Gebete erhört, heißt das nicht, dass er die in ihnen enthaltenen Bitten erfüllt.

Wie ist diese mehrgliedrige These zu verstehen? Zunächst: Wenn wir Gott anreden bzw. anrufen, sei es in Worten, Gesten oder Gedanken, dann gehen wir davon aus, dass er unseren Ruf in jedem Fall »hört« und insofern auch »erhört«. So sind wohl auch Jesu Worte in der »Bergpredigt« zu verstehen:

»7 Bittet, so wird euch gegeben; suchet, so werdet ihr finden; klopfet an, so wird euch aufgetan. 8 Denn wer da bittet, der empfängt; und wer da sucht, der findet; und wer da anklopft, dem wird aufgetan. 9 Oder ist ein Mensch unter euch, der seinem Sohn, wenn er ihn bittet um Brot, einen

Stein biete? 10 Oder der ihm, wenn er ihn bittet um einen
Fisch, eine Schlange biete? 11 Wenn nun ihr, die ihr doch
böse seid, dennoch euren Kindern gute Gaben zu geben
wisst, wie viel mehr wird euer Vater im Himmel Gutes geben denen, die ihn bitten!« (Matthäus 7, 7-11)

Solches »Erhören« meint als Minimalbedingung »hineinhören« in den betenden Menschen (*eisakouein*). Es meint aber
dann auch: »Gutes (*agatha*) geben«. »Gutes« ist im griechischen Bibeltext ohne einen Artikel verwendet, es ist also
von einem unbestimmten »Guten« die Rede. Jesus hat die
Bildebene verlassen, auf der von Brot und Fisch, Stein und
Schlange die Rede war. Gott wird »Gutes« geben, das kann
bedeuten: Wer Brot braucht, bekommt Brot. Es kann aber
auch bedeuten: Wer Brot braucht, erhält lebensnotwendige
Nahrung. Vielleicht nicht sofort, aber bald. Es mag auch
bedeuten: Wer Brot braucht, der soll es erhalten – nämlich
von uns, von den anderen, von denen, die genügend Brot
haben. Das wäre dann ein Aufruf an die Besitzenden, dass
sie ihr Brot oder ein anderes Nahrungsmittel teilen sollen
mit denen, die hungern. Auch so lassen sich die Verse Jesu
verstehen. Die Aktion »Brot für die Welt« wäre dann eine
praktische sozialethische Folgerung, die aus ihnen gezogen
wurde.

Aber auch zu Jesu Zeiten gab es schon Menschen, die
nicht nur am Hunger litten, sondern auf schreckliche Weise verhungerten. Auch dieser Fall lässt sich in Jesu Satz
hineinlesen: Denn er könnte auch bedeuten: Wer auf dieser Welt Hunger oder sonstige Not erleidet, der wird in der
jenseitigen Welt von Gott Gutes empfangen.[163] Sicher aber

---

163 Der biblische *locus classicus* dafür ist Jesu Gleichnis vom reichen Mann
und vom armen Lazarus (Lukas 16, 19-31). Mir scheint indes wichtig,
darauf hinzuweisen, dass dieses Gleichnis nicht Anlass und Begründung dafür sein kann und darf, dass auf dieser Welt Menschen leiden
müssen, weil sie ja im Jenseits dann Gottes Liebe empfangen werden.

meint »Gebetserhörung« nicht: Ich wünsche mir etwas von Gott, bitte darum, und bekomme es dann. Gebetserhörung ist weder Automatismus noch Magie oder Zauberei. Ich würde allerdings auch nicht wie Karl Barth behaupten: In Jesus Christus seien alle unsere Gebete *längst erhört* worden.[164] Ich kann mir diese Aussage nicht zu eigen machen. Sie klingt mir vor allem zu triumphalistisch. Sie macht aus der Christologie eine problematische Christozentrik und aus der Sünde eine »Wespe ohne Stachel« (ein ebenfalls von Barth gewähltes Bild). Dadurch würde das konkrete Leid von Menschen, um dessentwillen sie zu Gott beten, meines Erachtens verharmlost und unterschätzt. Die Welt, in der wir leben, scheint mir vielmehr geradezu von Wespen überschwemmt, und sie alle haben Stachel, verletzen unzählige Menschen und stechen sie auch erbarmungslos zu Tode, ob auf dem Balkan, im Irak, in Israel/Palästina, in Mali und der Sahel-Zone, in Syrien, in der Ukraine. Eine offene und ergänzungsfähige Liste. Gebetserhörung muss heute und künftig als möglich und wirklich gedacht werden, aber sie darf nicht in einem großen »christologischen Staubsauger« verschwinden. Dies auch aus dem Grund, der im dritten Teil meiner These sichtbar wird: Sofern Gott Gebete erhört, heißt das nicht, dass er die in ihnen enthaltenen Bitten erfüllt. Die Erfahrungen, die wir mit unserem Beten und unseren Gebeten machen, führen uns immer wieder in Situationen der »Anfechtung«, also des Zweifels an Gott und der Verzweiflung, hinein. Dem hat sich in vormoderner Weise Martin Luther gestellt. Dem müssen wir uns heute in

---

164 Vgl. die kluge Barth-Apologie von Christiane Tietz: Was heißt: Gott erhört Gebet?, 327–344, besonders 338ff. Ich stimme Frau Tietz natürlich zu, wenn sie die Gebetserhörung von »Mirakeln« aller Art abgrenzt, und ich habe Sympathie für ihren Gedanken, dass Gebete dazu helfen, die »Fürsorge Gottes« für diese Welt wahrzunehmen. Aber mit Barth zu behaupten, in Christus seien *alle* unsere Gebete *schon erhört worden*, setzt eine vor-aufklärerische Christologie voraus, die ich nicht teile.

anderer Weise, nämlich im Geist der Aufklärung, stellen. Wir müssen unsere Theologie(n) aber vor allem auch auf der Grundlage unserer Lebenserfahrungen – auch unserer Gebetserfahrungen – entwerfen.[165] Und sollten eben nicht von dogmatischen Setzungen und Konstruktionen ausgehen.

Fest steht: Gott erfüllt keineswegs alle unsere Bitten. Die Beispiele von Jesus und Paulus sind bereits deutlich genug. Aber es gibt ja darüber hinaus unzählige Beispiele aus der Menschheitsgeschichte und aus der Gegenwart der Welt, die alles andere belegen als die Erfüllung elementarer menschlicher Bitten an Gott. Viele Menschen in den Konzentrationslagern der Nazis, die um ihre Rettung beteten, wurden dennoch auf grausame Weise ermordet. Solange es eine Theodizeefrage gibt, kann ich deshalb den Satz nicht unterschreiben, alle menschlichen Gebete seien ja »in Christus« erhört werden. Gebete werden je und je erhört, und es ist eine Sache der Betenden, dies zu erkennen und zu bezeugen. Aber bei weitem nicht alle Bitten der Betenden werden erfüllt. Die »Klammer« vor allen Bitten lautet daher: »Nicht mein, sondern dein Wille geschehe« – wie es im Vaterunser überliefert ist.[166] Schließlich: Wer auch immer Bitten an Gott richtet, der sollte dies nicht nur in aller Nüchternheit und Bescheidenheit tun, sondern in seinem Beten immer auch vor Augen haben, was andere Menschen gerade benötigen und von Gott erbitten könn-

---

165 Für Eilert Herms steht deshalb der Begriff der »Erfahrung« im Mittelpunkt seines Interesses, Ingolf Ulrich Dalferths Theologie geht von der »Praxis« aus, Wilfried Härles Dogmatik von der »gegenwärtigen Lebenswelt«. Alle drei Zugänge – und einige weitere – halte ich für möglich und berechtigt. Es versteht sich von selbst, dass unterschiedliche Zugänge zu unterschiedlichen Ergebnissen führen können.
166 Siehe bereits THOMAS VON AQUINO: Summe der Theologie, Bd. 3: Der Mensch und das Heil: »Denn wir beten nicht deswegen, dass wir die göttliche Anordnung verändern, sondern dass wir mit Bitten erreichen, was Gott so eingerichtet hat, dass es durch die Gebete in Erfüllung gehen soll […]« (83. Untersuchung, 2. Artikel, 377f).

ten. Denn vielleicht können ja wir selbst zur Erfüllung der Bitten anderer beitragen.

7 Exkurs: »Der kleine Wunschprinz«: Kleine Veränderungen nicht geringschätzen

Es gibt eine sehr schöne Erzählung in Form eines Kunstmärchens, die von einem kleinen Wunschprinzen handelt.[167] Der kann ein wenig zaubern und möchte allen möglichen Menschen ihre Wünsche erfüllen, die sie an ihn herantragen. Leider ist er eben nur ein »kleiner« Wunschprinz und kann eben auch nur »ein bisschen« zaubern, so dass die Wünsche derjenigen, die er beglücken möchte, nur annäherungsweise erfüllt werden. Wenn sein Gegenüber sich beispielsweise ein neues Fahrrad wünscht, so gelingt es ihm nur, eine Luftpumpe herbeizuzaubern, so dass der Mensch sein altes Fahrrad neu aufpumpen kann. Dann kann er jedenfalls wieder damit fahren, und es ist fast wie neu. Wenn jemand sich wünscht, singen zu können, dann kann der Wunschprinz ihm nur eine Klarinette herbeizaubern – immerhin! Damit kann der andere dann zwar Musik machen – Singen aber natürlich nicht.

Ich habe diese kleine Geschichte einmal bei einer Traupredigt verwendet, um dem Ehepaar zu sagen: »Erwartet nicht zu viel voneinander, denn ihr könnt beide immer nur ein ganz klein wenig zaubern in eurer Ehe! Seid auch mit etwas weniger zufrieden, als Wunschprinz und Wunschprinzessin, dann kann das Miteinander gelingen.«

Ganz praktisch bedeutet dies, dass wir im Leben auch kleine, alltägliche und unscheinbare Veränderungen wahrnehmen und wertschätzen sollten. Das gilt auch im Blick auf das Wirken Gottes. Nicht, dass er nur ein kleiner

---

167 JAKOB MÖHRING: Der kleine Wunschprinz, 1993.

Wunschprinz wäre – das ist nicht der Vergleichspunkt. Sondern wir sind es, die gefragt sind: Welche Geschenke nehmen wir als solche wahr und freuen uns darüber? Wie bescheiden oder unbescheiden gehen wir durchs Leben? Was können wir anderen geben, um ihr Leben ein wenig heller und freundlicher zu gestalten – soweit es an uns liegt? Was ist das »Gute«, das Gott uns im Leben schenkt, ob wir es erbeten haben oder nicht?

8   Wer oder was verändert sich durch Bittgebete?

Anknüpfend an die Argumentationen von Wilfried Härle und Vincent Brümmer (1932–2021) und an meine oben vorgeschlagene Definition des Gebetes als eine *Relation aus den drei Relaten Gott, Wirklichkeit und Mensch* scheint mir der Gedanke plausibel, dass durch Bittgebete nahezu immer Veränderungen geschehen:
- Zum einen verändert sich der betende Mensch selbst, indem er sich für Gott öffnet und seine Bitte in den Horizont des Willens Gottes stellt.
- Zum anderen verändert sich auch die Wirklichkeit im Ganzen, schon allein dadurch, dass der betende Mensch als ein Teil derselben sich verändert und dies auch (erwartbar) Auswirkungen auf seine Umwelt hat.
- Falls das Gebet in der Öffentlichkeit (etwa eines Gottesdienstes) stattfand, wird es ja auch von anderen Menschen gehört und möglicherweise angeeignet und mitvollzogen. Dann hat es erst recht Auswirkungen auf die soziale Umwelt des Betenden. Hans-Georg Fritzsche beschreibt das so: »Das *Ich* des Einzelnen soll nicht in einem *Es* verschwimmen, sondern einem *Du* gegenübertreten und ein *Wir* stärken.«[168]

---

168   Hans-Georg Fritzsche: Lehrbuch der Dogmatik, Teil II, 391.

– Ob auch Gott selbst sich verändert, das ist fraglich. Aber wir gingen ja oben davon aus, dass er zumindest in einen betenden Menschen »hineinhört« (hineinhören = *eisakouein*) und diesen dadurch mit seinem Anliegen wahrnimmt. Kann man das schon als eine Veränderung bezeichnen? Oder würde mehr dazugehören?

Wer Gott ist, wie er ist und ob er sich verändert oder an sich »unveränderlich« ist, das sind Fragen, die von ebenso großer Bedeutung wie Rätselhaftigkeit sind. Gott ist ja nicht nur »Geheimnis *der Welt*« (Eberhard Jüngel), er ist vor allem auch selbst und an sich ein »Geheimnis«, über das auch Christenmenschen nur in engen Grenzen spekulieren sollten. Ich möchte an dieser Stelle in aller Vorsicht noch einen kleinen Schritt mit meinen Überlegungen weitergehen.

9 Verändert sich auch Gott selbst durch Gebete?

Eine der umstrittensten Fragen in der Lehre vom Gebet betrifft die Veränderlichkeit Gottes: Verändert sich Gott dadurch, dass Menschen zu ihm beten – oder bleibt er sich immer gleich, ewig unveränderlich in seinem Wesen? Letzteres, die »incommutabilitas« (Unveränderlichkeit) gilt spätestens seit Augustinus als Grundzug des Wesens Gottes: »Id enim vere est, quod incommutabiliter manet / Denn nur das *ist*, im wahren Sinne dieses Wortes, was unveränderlich beharret.«[169] Wenn Gott im strengen Sinne unveränderlich sein sollte, dann kann ihn auch kein Bittgebet dazu bewegen, anders zu sein, zu werden oder zu handeln, als er schon immer war oder was er schon immer wollte. Dann bestünde Jesu Satz im Vaterunser: »Dein Wille geschehe«, den er in

---

169 Aurelius Augustinus : Confessiones – Bekenntnisse, 332f.

seinem Gebet in Gethsemane wieder aufgriff, nur darin, die Einsicht in diese Unveränderlichkeit zu bestätigen.

Wie Gott an sich und in sich selbst beschaffen ist, das wissen wir nicht und können wir nicht wissen. Er ist uns noch viel verborgener als die »Dinge an sich« (Kant), die, wenn es sie denn geben sollte, auch nichts anderes als seine Geschöpfe wären.

Dass er aber nicht den Gegebenheiten von Raum und Zeit unterworfen ist, die die für unser irdisches Leben unhintergehbaren Dimensionalitäten ausmachen, das kommt in den klassischen Attributen Gottes zum Ausdruck, denen zufolge er allmächtig, allwissend, omnipräsent und ewig ist – nicht gebunden an die Koordinaten menschlicher Existenz. Der Gedanke einer Veränderlichkeit Gottes würde daher offenbar bedeuten, ihn auf der Ebene des Seienden zu verorten statt auf der Ebene des Seins.

Gleichwohl gibt es Typen von Theologie, die die Möglichkeit einer Veränderlichkeit Gottes unterstellen. Geht man etwa von einer innertrinitarischen Differenziertheit Gottes aus, wäre es denkbar, dass er in sich selbst Bewegungen unterworfen ist oder dass eine seiner drei »Personen/Hypostasen/Seinsweisen« sich den Bedingungen der Zeitlichkeit unterwirft (Jesus Christus), so dass zwar Gott der Vater als ewig/unveränderlich gedacht werden muss, aber keineswegs Gott der Sohn. Das löst das Problem des Bittgebets aber auch nicht, wenn es denn richtig ist, dass das Standardgebet der Christenheit sich an Gott den Vater (»Vaterunser«) richtet und diesem auch weiterhin Unveränderlichkeit zukommt. Die klassische Trinitätslehre behilft sich in diesem Zusammenhang mit spekulativen Grundsätzen wie: »*Opera trinitatis ad extra sunt indivisa. Opera trinitatis ad intra sunt divisa*« (= »Die nach außen gerichteten Werke der Trinität sind ungeteilt. Die nach innen gerichteten Werke der Trinität sind geteilt«). Mit dem ersten Grundsatz will man die Einheit Gottes unterstreichen, der zweite betont seine interne Differenziertheit. Da beide Grundsätze stets in Verbindung miteinander auftreten, stehen sie im Dienst einer Verteidigung der klassischen Trinitätslehre, bezahlen aber einen hohen Preis dafür. Erstens lösen sie nicht die mit der Lehre verbundenen logischen Probleme. Zweitens behaupten sie, entweder etwas über Gottes »inneres Wesen« auszusagen oder aber unser Reden über Gottes inneres Wesen verbindlich reglementieren zu können. Mich überzeugt daher die trinitätstheologische Lösung der Frage nach Gottes Veränderlichkeit in keiner Weise.

Anders argumentiert die »Prozesstheologie«, die eine grundsätzliche »Beweglichkeit« und Veränderlichkeit Gottes *insgesamt* annimmt. In einem solchen Modell ist es denkbar, dass Gott durch Bittgebete der Menschen dazu bewegt wird, einen einmal gefassten Entschluss zu revidieren. Ein biblisches Beispiel dafür böte etwa die Geschichte von der Fürbitte Abrahams für die Städte Sodom und Gomorrha (1. Mose 18). In dieser Erzählung lässt Gott mit sich offenbar »handeln« wie ein Händler auf einem orientalischen Markt. Es gibt somit biblische Texte, die sich prozesstheologisch auslegen lassen. Allerdings beinhaltet die Prozesstheologie notwendig eine spekulative Metaphysik, die sich kaum mit der erkenntniskritischen Philosophie Kants oder gar mit Ansätzen des Kritischen Rationalismus zusammendenken lässt. Ich verfolge diesen Denkweg daher nicht weiter, gestehe aber gerne, dass von ihm eine gewisse Faszination ausgeht.

Auch Paul Tillich rechnet in seiner »Systematischen Theologie« mit der Möglichkeit einer »Veränderlichkeit Gottes«, wenn er im Anschluss an Schelling davon ausgeht, dass Gott in der Geschichte, die er mit der Welt und der Menschheit hat, eine »Essentifikation« erlebt, also eine Anreicherung seines Lebens durch die geschichtlichen Prozesse.[170] Nun beinhalten die geschichtlichen Prozesse aber keineswegs nur Gutes und Erfreuliches – schon deshalb darf der Gedanke der »Anreicherung« nicht so verstanden werden, als werde damit Gott insgesamt nur noch schöner, reicher und vollkommener an sich und in sich. Auch »Essentifikation« bleibt somit ein ambivalenter, schwieriger, rätselhafter Begriff.

Es gibt noch ein weiteres Denkmodell im Blick auf die Veränderlichkeit Gottes. Vincent Brümmer stellt es dar mit einem Verweis auf Peter Geach und T.P Smith, die in diesem Zusammenhang begriffsprägend gewirkt hatten.[171] Brümmer geht von der Unterscheidung von nicht-relationalen (A ist blau) und relationalen Prädikaten (A ist größer als ...) aus und wendet diese Unterscheidung auf Gott an. Man könnte dann folgern: Im Blick auf nicht-relationale Prädikate ist Gott unveränderlich, im Blick auf relationale Prädikate aber veränderlich in einem speziellen Sinn. Hier setzt eine weitere Differenzierung an, die zwischen realen Veränderungen und »Cambridge-Changes«. Im Blick auf die relationalen Prädikationen, die Gott betreffen, ereignen sich zwar Veränderungen, reale Veränderungen allerdings nur in der betenden Person (etwa Augustinus) und in der geschaffenen Wirklichkeit, in Gott selbst dagegen nur »Cambridge-Changes«. Beispiel: Zu einem bestimmten Zeitpunkt tx war es wahr, dass Gott wusste: Augustinus glaubt nicht an ihn. Zu einem späteren Zeitpunkt tx+1 war es dagegen wahr, dass Gott wusste: Augustinus hat zum Glauben gefunden. Deutlich ist: Eine reale Veränderung hat sich in Augustinus ereignet, in Gott dagegen nur ein Cambridge-Change – während er in Wahrheit unveränderlich blieb.

Brümmer befriedigt diese Lösung allerdings nicht, weil er davon ausgeht, dass im Fall einer relationalen Be-

---

170 Paul Tillich: Systematische Theologie Bd. III: Das Leben und der Geist, 453.
171 Vincent Brümmer: Was tun wir, wenn wir beten?, 34–40.

ziehung zwischen zwei Personen (und nicht einer bloß kausalen Beziehung) die Veränderung in einem der Relate (der betenden Person) auch eine Veränderung der Beziehung selbst und damit auch in dem anderen Relat (Gott) bewirkt. Brümmer fragt daher: »Sollten wir nicht besser sagen, dass *alle* Formen des Gebets (die Bitte eingeschlossen) das *Verhältnis zwischen Gott und dem Beter beeinflussen und* darum eine wirkliche Auswirkung auf beide haben?«[172] Brümmer folgert daraus: Gott muss so gedacht werden, dass er in einigen Hinsichten (etwa seiner Güte, Liebe und Treue) unveränderlich ist, in anderen Hinsichten aber veränderlich sein könnte. Wäre dem nicht so, meint Brümmer, dann könnte Gott nicht als Person gedacht werden.[173]

Brümmer hat jedenfalls in folgender Hinsicht recht: Wenn die Veränderung eines Relats bereits die Relation selbst verändert, dann ändert sich auch das mit ihr bestehende relationale Gesamtgefüge. Diese Überlegung gilt natürlich ebenso bei einer 3-stelligen Interpretation von Gebeten, wie wir sie oben vorgelegt haben. Nun könnte man sich zwar darauf beschränken, zu argumentieren: In allen relationsontologischen Modellen ändert sich das ganze Gefüge, wenn auch nur ein einziges Relat sich verändert. Das heißt, wenn der Betende sich durch das Bittgebet verändert hat, dann ist das Gesamtgefüge schon ein anderes geworden. Aber sowohl die Veränderung des Betenden als auch die Veränderung bestimmter Teile oder Aspekte der Wirklichkeit lassen sich grundsätzlich (em-

---

172   Vincent Brümmer: Was tun wir, wenn wir beten?, 39.
173   Dieses Argument scheint mir nicht zwingend zu sein. Jedenfalls hängt seine Stichhaltigkeit davon ab, wie ich das Wort »Person« verstehe und definiere. Wenn ich unter Gott den liebevollen Schöpfer der Welt verstehe, dessen Wesen die Liebe ist, so mag diese Liebe Auswirkungen haben und in die Welt und Zeit hineinreichen – aber folgt daraus auch, dass der liebevolle Schöpfergott veränderlich sein kann oder sogar muss?

pirisch) überprüfen. Das heißt, mindestens zwei Relate und entsprechend mehr Relationen haben sich dann möglicherweise verändert. Im Blick auf das 3. Relat (Gott) ist eine solche Überprüfung natürlich nicht möglich, da Gott ein transempirisches Phänomen darstellt.

Es gibt, nur das wollte ich zeigen, einige Denkmodelle, denen zufolge sich Gott selbst aufgrund von an ihnen gerichteten Bittgebeten verändern könnte. Wenn Gott aber in seinem Wesen *unerschöpflich schöpferische Liebe* ist, wie ich bei meinen an ihn gerichteten Gebeten voraussetze, dann gehe ich davon aus, dass jedenfalls dieses Wesen Gottes unveränderlich ist. Insofern, aber auch nur insofern, halte ich an Augustins »incommutabilitas«-Grundsatz fest. In allen übrigen Hinsichten aber scheint mir Gott ferner und fremder zu sein als die »Dinge an sich«.

IX. Zum Ort des Gebets im Leben der Christinnen und Christen

1 Das Gebet als ein Anwendungsfall für die Pascal'sche Wette

Im deutschen Protestantismus spielt der französische Denker Blaise Pascal (1623-1662)[174] kaum eine Rolle. Das hat unterschiedliche Gründe: Er war Franzose, römisch-katholisch, Jansenist, (scheinbar ein) Gegner des »Gottes der Philosophen«, von Leibniz und Kant denkerisch überholt und überboten (usw.). Aber die von ihm entworfene sogenannte »Wette« im Hinblick auf die Frage der Existenz Gottes[175] scheint mir doch interessant zu sein. Ich schicke voraus: Diese »Wette« hat bei weitem nicht den Anspruch und den Status eines »Gottesbeweises«, auch wenn sie eine beachtliche logische Konsistenz aufweist.[176] Möglicherweise ist sie auch mit einer nicht geringen Dosis an Humor formuliert worden (ich weiß allerdings nicht, wie humorvoll Pascal war). Sie ist aber gewiss keine spielerische Wette, mit der Pascal in der Fernsehsendung »Wetten, dass?« einen Auftritt haben könnte. Vielmehr handelt es sich Wolfgang Stegmüller zufolge um »eine praktische Wahl bei völliger Ungewissheit«[177]. In der Tat geht es um eine *lebenspraktische Entscheidung*, zu der Pascal auffordern möchte.

---

174 Aus Anlass seines 400. Geburtstages erinnert an ihn THOMAS SCHLEIF: Physiker, »Pensées«, Patient, 362-365.
175 BLAISE PASCAL: Über die Religion und über einige andere Gegenstände (Pensées), 120-126.
176 Vgl. die formallogische Rekonstruktion von LESLIE BURKHOLDER: Die Pascal'sche Wette, 26-29.
177 So in der Darstellung von Mackies Theismus-Kritik WOLFGANG STEGMÜLLER: Hauptströmungen der Gegenwartsphilosophiee, Bd. IV, 482 (insgesamt 481-484).

Eine große Schwäche dieser »Wette« sehe ich in ihrer Annahme, dass, wer die Wette verliere, in die »Hölle« kommen werde. An eine »Hölle« oder »ewige Verdammnis« kann ich ebenso wie wohl die meisten Christenmenschen der Gegenwart nicht glauben. Ich weiß, evangelikale Christenmenschen werden das beklagen oder gar den Vorwurf erheben, so verliere die Kirche einen ihrer wesentlichen Glaubensgrundsätze. Ich halte das für unzutreffend. Es gibt auch reichlich Argumentationsmaterial zu diesem Punkt – ich verweise exemplarisch auf Schleiermachers Gedanken, dass es die ewige Seligkeit der Erlösten gewiss »trüben« würde, wüssten sie um die ewige Verdammnis anderer Personen.[178] Es ist auf jeden Fall nur zu verständlich, dass der streitbare Atheist Richard Dawkins diesen Schwachpunkt von Pascals Argumentation angreift.[179]

Aber die Argumentation lässt sich ja auch ohne die Annahme einer Existenz der »Hölle« durchführen und etwa in folgender, leicht modifizierter Form auf die Thematik des Betens, insbesondere des Bittgebets, anwenden. Die argumentative Schrittfolge geht dann so:
- Bittgebete an einen Gott zu richten, der möglicherweise existiert, ist objektiv möglich.
- Es ist sogar nicht nur möglich, es geschah und geschieht auch tatsächlich.
- Falls Gott nicht existiert, kann er die Bitten der betenden Personen weder hören noch erfüllen. Das ist für die bittende Person dann kein Gewinn, aber auch kein Verlust.
- Falls Gott jedoch existiert, kann er die Bitten von Betenden hören und erfüllen. Das ist für die bittende Person auf jeden Fall ein Gewinn.
- Es ist also nicht nur objektiv möglich, sondern auch sinnvoll, Bittgebete an Gott zu richten, da sie niemals zu

---

178 FRIEDRICH DANIEL ERNST SCHLEIERMACHER: Der christliche Glaube (1821/22), §179, 332–338, dort insbesondere 335.
179 RICHARD DAWKINS: Der Gotteswahn, 146–149.

einem Verlust, im Falle seiner Existenz aber zu einem Gewinn (nämlich der Gebetserfüllung) führen können.

Bei dieser Argumentation ist noch nicht einmal berücksichtigt, dass das Beten *auch ohne die Annahme* einer Existenz Gottes sinnvoll sein kann, weil es »Kollateralgewinne« verspricht. Denn der Betende besinnt sich ja durch die Tätigkeit des Betens auf sich selbst, er kann aus dieser Selbstbesinnung Trost und Hoffnung schöpfen und durch Reflexion seiner Existenz neue Perspektiven für sein Leben gewinnen. Die auch empirisch durchaus nachweisbaren »Kollateralgewinne« des Betens sind zwar etwas mehr als bloße »Placebos«, aber gewiss alles andere als Argumente für die Sinnhaftigkeit des Betens.

Auch zwei weitere Vorbehalte sind an dieser Stelle zu machen: *Erstens* ist es natürlich sinnlos, zu Gott zu beten, wenn ich die Möglichkeit seiner Existenz absolut ausschließe. Zumindest also muss die betende Person mit der *Möglichkeit* seiner Existenz rechnen. Sie muss aber nicht schon die Gewissheit seiner Existenz besitzen. *Zweitens* darf die Tatsache des Betens niemals das »Arbeiten für die gute Sache« ausschließen. Deshalb gilt die alte Benedikt'sche Regel: »Ora et labora« (= »Bete und arbeite!«), wobei das »et« dabei gewissermaßen die Pointe dieses Satzes darstellt. Das Beten ist nämlich *niemals* eine Alternative zum »Sich-Einsetzen« für eine gute Sache. Und umgekehrt ist auch das »Sich-Einsetzen« für die gute Sache niemals eine Alternative zum Gebet für sie. Beide Handlungsweisen sind vielmehr als komplementär zu betrachten – und als erweiterbar, worauf ich im Folgenden noch eingehen werde.

Wenn beide skizzierte Vorbehalte ausgeräumt und der Gedanke des Kollateralgewinns berücksichtigt wurde, dann stellt die Anwendung der Pascal'schen Wette auf das Bittgebet ein offenes Argumentationsmuster dar, das

Christinnen und Christen nach innen (in die Kirche hinein) und nach außen (in die Gesellschaft hinein) kommunizieren sollten. Es illustriert nämlich auf seine Weise (ohne ein Gottesbeweis zu sein): Das Gebet hat einen Ort im Leben der Christenmenschen. Es hat lebensweltliche Relevanz. Es verspricht den Betenden einen existentiellen Gewinn. Aber: Nur, wer wagt, kann gewinnen.

2   Ora et labora – et lude?: Jutta Koslowski

Obwohl sie in der sogar von einem evangelischen Theologen als »Zukunftsdokument ersten Ranges«[180] bezeichneten »Glaubensregel« des Benedikt von Nursia (480-547 n.Chr.) nicht im Wortlaut vorkommt, gilt die Formel »ora et labora« (=Bete und arbeite!) nicht nur als Inbegriff einer speziellen, von Mönchen gelebten Frömmigkeit, sondern wird von vielen Christenmenschen auch als Überschrift über ihre eigene Existenz verstanden. Zwischen Beten und Arbeiten, zwischen Arbeiten und Beten (etwas verallgemeinert gesagt: zwischen *vita activa* und *vita contemplativa*) soll demnach das christliche Leben hin und her oszillieren, auch wenn damit keinesfalls ein sich ausschließender Gegensatz bezeichnet wird. Denn sehr wohl kann ein Mensch auch während seines Arbeitens beten – oder umgekehrt. Und dennoch sind damit zwei Pole bezeichnet, zwischen denen sich das Leben bewegen kann: »Bete und arbeite! Das sind die beiden Pole, zwischen denen ein gesunder Lebensrhythmus hin- und herschwingt. Fleißiges Schaffen und betende Stille, wo eines von beiden fehlt, wird das Leben einseitig, der Lebensrhythmus gestört.«[181]

---

180   BERND JASPERT: »Per Ducatum Evangelii.«, 12.
181   GÜNTHER KEIL: Glaubenslehre 103.

Günther Keils Interpretation der Benedikt'schen Regel scheint mir freilich etwas zu harmlos und harmonistisch zu sein in einer Welt, in der Arbeit auch Ausbeutung und Entfremdung bedeuten kann, und in der viele Menschen (vor allem auf der südlichen Halbkugel dieser Erde) immer noch unter unwürdigen und ungerechten Bedingungen leben und arbeiten müssen. Wo Arbeit nicht mit Entfremdung verbunden ist, da mag sie der ideale Gegenpol zum Beten sein. Aber auch das Beten kann, vor allem in engen Lebensgemeinschaften wie Klöstern oder Internatsschulen, erzwungen sein und somit den Bedingungen der Entfremdung unterliegen. Kant und Schleiermacher waren beide in sehr strengen pietistischen Kontexten religiös sozialisiert worden, und sie behielten zeitlebens eine ablehnende Haltung (bis hin zur Abscheu) gegenüber enger, verordneter Frömmigkeit bei. Wo unter dem Deckmantel von »Beichte« und »Gebet« sogar sexueller Missbrauch an Menschen vollzogen wurde, da ist es vollends verständlich, wenn eine »Gottesvergiftung« (Tilman Moser) aufkommt, die den Betroffenen das Beten geradezu »austreibt«.

Wichtig ist aber sicher die Einsicht, dass Beten und Arbeiten einander nicht ausschließen und nicht ausschließen dürfen, sondern einander im Leben ergänzen und bereichern können. Eberhard Jüngel hat dafür eine schöne Formulierung gefunden: »Die leidenschaftlichsten Beter waren auch leidenschaftliche Arbeiter. Sie wussten allerdings, dass alles seine Zeit hat und das eine das andere weder verdrängen noch ersetzen kann. Ora et labora, bete und arbeite – diese alte nüchterne Regel meint nicht ein beziehungsloses Nebeneinander von Beten und Arbeiten, sondern ein positiv konkurrierendes, einander gegenseitig begünstigendes Verhältnis von Beten und Arbeiten. Die Regel will in Wahrheit sagen: ›Bete, wie wenn alles Arbeiten nichts nützen würde und arbeite, wie wenn alles Beten nichts nützen würde.«"[182]

Aber auch wo nicht-entfremdetes Beten und nicht-entfremdete Arbeit einander im besten Sinne begünstigen, lohnt es sich, darüber nachzudenken, ob nicht noch eine dritte Kategorie neben die beiden bisher genannten treten könnte. Diesen Vorschlag hat jüngst Jutta Koslowski in die Debatte eingebracht. Sie regt an, die Kategorie »Spielen« (ludere) bzw. »Spiel und Vergnügen« hinzuzufügen, so dass aus dem doppelten Imperativ »ora et labora« der dreifache Imperativ »ora et labora et lude!« werden würde.[183] Frau Koslowskis Vorschlag führt sie hin zu einem umfassenden Programm eines alternativen »gemeinsamen Lebens«, das sie der Kirche des 3. Jahrtausends auf ihren schwierigen Wegen in die Zukunft herzlich anempfiehlt.[184] Weitere imperativische Ergänzungen und Ausdifferenzierungen sind natürlich möglich.[185]

3 Ora et labora – und »Warten auf Gottes Zeit«: Dietrich Bonhoeffer

Dietrich Bonhoeffer schrieb in einem seiner Gefängnisbriefe: »[...] unser Christsein wird heute nur in zweierlei bestehen: im Beten und im Tun des Gerechten unter den Menschen. Alles Denken, Reden und Organisieren in den Dingen des Christentums muss neugeboren werden aus

---

182 Eberhard Jüngel: Was heißt beten? 400f.
183 Jutta Koslowski: Gemeinsames Leben? 160.
184 Vgl. hierzu als ausführliche Besprechung dieses programmatischen Vorschlags: Eberhard Martin Pausch: Jutta Koslowski: Gemeinsames Leben? 255.
185 Das Evangelische Studienwerk (Villigst e.V.) hat zum Beispiel vor einiger Zeit eine Schreibwerkstatt eingerichtet, die unter der Überschrift »ora et scribe!« jungen Menschen in einem »geistlichen Rahmen« Lust auf das Schreiben machen möchte. Eine schöne Idee, wie ich finde!

diesem Beten und diesem Tun.«[186] Die zweigliedrige Formel Bonhoeffers wurde viel rezipiert und oft – und wohl auch zu Recht – als eine legitime »weltliche« Interpretation des benediktinischen Duals verstanden. Aber bei Bonhoeffer findet sich ja ebenso mit Blick auf die Zukunft der Kirche eine triadische Formel: »[...] es wird Menschen geben, die beten und das Gerechte tun und auf Gottes Zeit warten«[187]. Wolfgang Huber als einer der weltweit führenden Bonhoeffer-Experten hat die Bedeutung dieser dreigliedrigen Formel betont: Bonhoeffer sei es immer um dreierlei gegangen, um das Beten, das Tun des Gerechten und das »Warten auf Gottes Zeit«.[188] Was meinte Bonhoeffer wohl, wenn er vom »Warten auf Gottes Zeit« sprach? Ganz allgemein: das Warten auf eine Zeit, in der Gott sich neu erschließt, den Menschen neu offenbart? Das Warten auf einen Neuanfang in der christlichen Kirche? Sehr konkret und kurzfristig vielleicht: das Gelingen eines Attentats auf Hitler, um dessen Terror- und Gewaltregime zu stürzen? Mittelfristig vielleicht: das Warten auf einen gesellschaftlichen Neubeginn nach der Zeit des Nationalsozialismus? All dieses zusammen oder noch etwas ganz anderes? Sicherlich tat er gut daran, in seinen Gefängnisbriefen eine offene Formel zu verwenden, die ihm nicht zur Last gelegt werden konnte, falls man diese Briefe las. Auf jeden Fall ist aber nicht nur ein stoisches oder gar quietistisches Abwarten gemeint, was ja dem »Tun des Gerechten« widersprechen würde, sondern eher ein Spähen nach dem »Kairos« (wie Tillich gesagt haben würde), also ein Ausschau-Halten nach dem rechten Augenblick, in dem dann das rechte Handeln seinen Platz finden würde. Vielleicht kann man das »Warten auf Gottes Zeit« also sogar im

---

186 Vgl. DIETRICH BONHOEFFER: Widerstand und Ergebung, 435f (Gedanken zum Tauftag von D. W. R. Bethge, Mai 1944).
187 Ebd, 436.
188 WOLFGANG HUBER: Dietrich Bonhoeffer: Auf dem Weg zur Freiheit, 105–108, 295.

Sinne des »carpe diem« (»ergreife/nutze den Tag!«) verstehen, sofern man dieses nicht rein hedonistisch auslegt.

An dieser Stelle mag es aber genügen, darauf hinzuweisen: Das Gebet ist *nicht alles* im Leben, nicht einmal im christlichen Leben. Vielleicht gibt es ja noch weitere Pole wie »Arbeit«, »Spiel« oder ein »qualifiziertes Warten«, die hierbei in den Blick kommen könnten. Dennoch bleibt das Gebet *ein wichtiger Faktor* im Leben der Christenmenschen (aber auch im Leben von Menschen anderer Religionen), der mit anderen in Verbindung gesehen und gesetzt werden muss.

Um im Bild des »Faktors« zu bleiben: Wo *Faktoren* sich miteinander verbinden, da geschieht stets *mehr als eine bloße Addition*. Deswegen ist das Wörtchen »et« (und) zwischen den Verben »Beten«, »Arbeiten«, »Spielen«, »Warten auf Gottes Zeit« (usw.) im Grunde genommen eine Untertreibung. Denn wo das Gebet mit im Faktorenspiel ist, da kann sich *ein Mehrgewinn* abzeichnen, den weder das Gebet noch die anderen Faktoren alleine noch sie alle in einem bloßen Nebeneinander jemals bewirken könnten.

X. Zur Ethik des Gebets

1 No-go-Gebete

Beten kann man immer und überall, und Gebete können in unterschiedlicher Form und mit den verschiedensten Inhalten stattfinden. Aber es gibt auch »No-go-Gebete«, also solche, die »gar nicht gehen«, die sich vom Sinngehalt des Betens her eigentlich verbieten.

- »Nonsense«-Gebete wären einmal solche, die vollkommen unverständlich sind, die weder die Betenden noch die Zeugen eines solchen Gebetes überhaupt nur verstehen können, sei es vom Wortlaut, sei es von der Semantik, sei es von der Syntaktik her (»Gott, yogtze wrdblmpft!« »Gott, schenke mir ein dreieckiges Quadrat!«, »Gott, ?!?!?«).
- Das sind sodann solche Gebete, in denen Menschen *um unsinnige Kleinigkeiten bitten*, etwa um das Wiederfinden eines verlorenen Radiergummis (soll zu Schulzeiten schon passiert sein). Gebete sollten vielmehr einen existentiell bedeutsamen Gehalt haben – mit Paul Tillich gesprochen, sollte es in der einen oder anderen Weise bei ihnen um »Sein oder Nichtsein« gehen.
- Ferner sollten Gebete nicht *in abergläubischer oder magischer Weise* darauf zielen, dass Gott etwa Naturgesetze durchbricht. Denn Gottes Treue zu seiner geschaffenen Welt erweist sich ja gerade darin, dass er die Prozesse dieser Welt für uns grundsätzlich als verstehbar, verlässlich, zu großen Teilen nachvollziehbar und erwartbar eingerichtet hat.
- Auch können Menschen Gott im Gebet *keine Befehle erteilen*. Denn er kann nicht unser Befehlsempfänger sein. Das Verhältnis des Betenden zum liebevollen Schöpfer

der Welt ist ja grundlegend asymmetrisch. Aus dem gleichen Grund kann ich Gott nicht *kausativ-tautegorisch* anreden.[189] Solche Sprachformen kommen unter Menschen häufig vor (»Ich taufe dich ...«; »Ich verurteile dich zu ....«), aber eine performative Rede gegenüber Gott kann nichts bewirken.

- Schließlich kann ich Gott *weder verfluchen noch zu einer Verfluchung bewegen* oder ihn darum bitten, dass er *anderen Menschen schaden oder sie gar töten* solle. Wenn Gott in seinem Wesen Liebe ist, dann muss ich davon ausgehen, dass seine umfassende Liebe zu seiner Schöpfung und ihren Geschöpfen ihn nicht dazu bewegen wird, sich den Hass, den ich selbst vielleicht gegen andere Menschen hege, zu eigen zu machen.

Um nicht missverstanden zu werden: Natürlich kann man sich Texte denken, die derartige Sprachformen oder Inhalte haben. Möglicherweise gab es auch Menschen, die meinten, sie würden Gebete sprechen, wenn sie solche Texte formulierten. Im strengen Sinne kann es sich dabei aber nicht um Gebete handeln. Eigentlich dürfte es sie nicht geben – da es sie aber geben kann und in der Menschheitsgeschichte wohl auch gegeben hat, schlage ich vor, sie als »No-go-Gebete« zu bezeichnen. Sie sind ein Randfall einer »Ethik des Gebets«, die ich hier in einigen Aspekten umreißen möchte.

---

189 Vgl. hierzu Ingolf Ulrich Dalferth: Religiöse Rede von Gott, 424–427. Dalferth hat in diesem Buch – seiner Tübinger Dissertation – eine umfassende Phänomenologie und Typologie der Anrede entwickelt. Im Kapitel 4.1.2 (»Die kommunikative Struktur der Anrede«, 403–428) unterscheidet er unter anderem vier *Arten* der Anrede (rein, assertorisch, direktiv und kausativ). Die kausative Anrede wiederum gliedert sich in tautegorische, autorisierende und legislative Anrede. Für *kausativ-tautegorische Anrede* ist charakteristisch, dass sie durch eine performative Sprachhandlung eine neue Wirklichkeit setzt.

2 Problematische und falsche Gebete

Schon die »No-go-Gebete« zeigen, dass Gebete nicht immer schon und in jedem Zusammenhang gut und richtig sind. Sie können vielmehr auch falsch und problematisch sein. Dazu einige Gedanken.

Zunächst: Das Adjektiv »falsch« verwende ich in diesem Zusammenhang nicht als Gegensatz zu »wahr«, sondern zu »richtig« im Sinne von »sinnvoll, regelkonform, ordnungsgemäß, geboten«. (Der exakte Gegensatz zu »wahr« wäre ja »unwahr«.) Gebete sind dann falsch, wenn sie sich entweder an den falschen Adressaten richten oder aber unwahrhaftig, neurotisch oder auch unmoralisch sind.

Falsche Adressaten sind: der Teufel/Satan als personaler Widersacher Gottes (wenn es »ihn« denn geben sollte, was für Theologie im Gefolge der Aufklärung nicht zur Debatte steht[190]), das »Goldene Kalb« aus der Moses-Geschichte oder aber irgendein anderes Wesen oder Geschöpf, dem seitens der betenden Person Göttlichkeit zugeordnet wird, obwohl es sich eben nicht um Gott handelt.

Ein *unwahrhaftiges* Gebet ist, wie wir oben gesehen haben, für sich genommen selbstwidersprüchlich und damit sinnlos. Das schließt nicht aus, dass ein Mensch vor anderen Menschen zu beten vorgibt, obwohl er dies gar nicht tut und etwa scheinbar für den Frieden betet und einzutreten verspricht, obwohl er in Wahrheit alles andere als friedliche Absichten hat. Eine solche Person würde ja schlicht heucheln – derlei Heuchelei ist aber in der Geschichte nicht selten vorgekommen.

---

190 Der humorvolle Denker der »Differenz«, *Niklas Luhmann*, interessierte sich allerdings in Teilen seiner Religionssoziologie in hohem Maße für den Teufel.

Neurotisches Beten[191] liegt dann vor, wenn ein Mensch aufgrund einer psychischen Erkrankung Gebete artikuliert, die der Sinnhaftigkeit, der Logik und der Wahrheit entbehren und die (zum Beispiel auch) eigenes Handeln ausschließen oder verunmöglichen. Wer so betet, dass er das »orare« gegen das »laborare« ausspielt, indem für ihn nur das Beten, aber niemals auch ein »Arbeiten« in Frage kommt, der mag sich selbst für sehr fromm halten, befindet sich in Wahrheit aber entweder im Bann einer neurotischen Erkrankung oder aber einer religiösen Ideologie. (Vielleicht sind religiöse Ideologien – das sei hier mit allem Vorbehalt gesagt – ohnehin nichts anderes als eine Form kollektiver Neurosen.) Wie wohl Gott das Gebet eines Menschen sieht, der ihn im Zustand einer Neurose oder einer anderen schweren psychischen Erkrankung anredet? Ich vermute, dass er das Beten dieses Menschen als eine *Bitte um Heilung und Bewahrung* auffasst. Ich jedenfalls würde Gott bitten wollen (im Sinne einer Fürbitte für die erkrankte Person), dies so zu sehen.

Ein Beispiel für ein *unmoralisches* Gebet wäre ein Gebet, das dem Willen Gottes – und das heißt hier: dem Liebesgebot im Sinne Jesu – widerspricht, etwa »Ich bete dafür, dass das Volk xyz vernichtet wird«. Freilich – nationalistische und chauvinistische Motive können ihre Bösartigkeit mit frommen Worten verdecken, sich ganz und gar mit Frömmigkeit paaren und sich durch Religion legitimieren wollen. Ein aktuelles Beispiel dafür mag die Unterstützung des russischen Patriarchen Kyrill I. für den 2022 begonnenen Krieg Russlands gegen die Ukraine dar-

---

191 Rainer Volp weist auf mögliche *Pathologien* des Betens, etwa das neurotische Beten, hin. Er erwähnt es im Zusammenhang mit »entsprechend geprägten Gebetsgruppen«. Diese können natürlich ein erschwerender Faktor sein, aber auch der/die Einzelne/n können aufgrund schwerer neurotischer Erkrankungen zu einem echten Gebet kaum noch oder gar nicht mehr in der Lage sein. Vgl. Rainer Volp: Liturgik, Bd. II, 1101, 1106.

stellen, die dieser als eine »heilige Spezialoperation« oder einen »heiligen Kampf« in seine öffentlichen Äußerungen einschließt.[192]

Sicher ist: Gebete, die sich an falsche Adressaten richten, die unwahrhaftig oder unmoralisch sind oder neurotischen Charakter haben, können schweren Schaden anrichten. Wir müssen daher darauf bedacht sein, »richtig« zu beten. Was heißt das aber? Hierzu noch einige weitere Hinweise.

3   Basale ethische Gebetsregeln

Muss ein Christenmensch überhaupt beten? Ich würde sagen: Nein![193] Aber er tut es. Er tut es, weil er es darf und in aller Regel das Bedürfnis danach hat. Denn wer Gott vertraut, der mag auch zu ihm beten. In anderen Religionen, etwa im Islam, gibt es tägliche »Pflichtgebete«. Das ist im Christentum nicht der Fall. Gebete sind freie Akte des Sprechens zu Gott. Man muss also beten wollen, man lässt es sich nicht befehlen oder aufzwingen. Das ist der erste Satz über die Ethik des Betens: Christenmenschen *dürfen* beten!

Von Jesus ist das Wort überliefert, die Glaubenden sollten nicht »plappern wie die Heiden« (Matthäus 6, 7). Gemeint ist wohl ein Brauch, dem zufolge sich ein kaum zu stoppender »Wortschwall« an die Gottheit richtet. Theore-

---

192   Zur friedensethischen Bewertung entsprechender Äußerungen siehe Eberhard Martin Pausch: Raubtierzeiten, 59, 92.
193   Anders *Eilert Herms*. Er sieht zwar das Gebet als einen freien Akt, als Tat des Menschen, behauptet aber zugleich, dieser Akt sei auch »geboten« (Eilert Herms: Was geschieht, wenn Christen beten?, 519f). Er sieht darin keinen Widerspruch, verweist aber zur Begründung lediglich auf Martin Luthers Auslegung des Vaterunsers. Das Gebet sei eben Erfüllung eines göttlichen Gebotes. Das klingt doch sehr nach einem »tertius usus legis« (=dritter Gebrauch des Gesetzes, neben seiner Verwendung als Spiegel unserer Sünden und als Riegel gegen das Böse) und vermag mich nicht zu überzeugen.

tisch sind natürlich sehr ausgedehnte, lange, differenzierte Gebete möglich. Und was und wie ein einzelner Betender zu Gott spricht, werden andere nicht zu kontrollieren haben. Es macht aber einen guten Sinn, dass jedenfalls nicht-private, also öffentliche oder liturgische Gebete, keine unüberschaubare Länge haben. Schon, damit andere Glaubende dem Gebet folgen können und in es – so sie denn wollen – einstimmen können. Ein öffentliches Gebet ist keine Gelegenheit für einen »Filibuster«[194]!

Nicht »plappern wie die Heiden« ist das eine – in unserer Gegenwart scheint mir eine andere Gefahr aber viel offensichtlicher zu sein. Nämlich, dass die sogenannten »Heiden« ganz schweigen. *»Nicht schweigen wie die Heiden«* ist doch wohl ein größeres Problem in einer Gesellschaft, in der die Christenheit keineswegs mehr die Mehrheit darstellt und selbst mit anderen Religionen zusammen keine überwältigende »Gebetsmehrheit« in unserer Gesellschaft erzielt.[195] Dabei sei einmal ganz davon abgesehen, dass *weder* alle Mitglieder von Religionsgemeinschaften nachweislich beten *noch* nur diejenigen Menschen beten, die Mitglied in einer Religionsgemeinschaft sind. Nicht nur Christenmenschen dürfen also beten, jeder Mensch darf beten.

Aber müssen Christinnen eigentlich *öffentlich* beten? Reicht nicht das »stille Kämmerlein« aus, von dem ebenfalls Jesus einmal sprach (Matthäus 6,6)? Der Kontext, von dem Jesus offenbar in seinem Diktum ausgeht, ist der, dass einige Menschen sich wohl gerne als Betende in der Öf-

---

194 Vor allem im parlamentarischen System der USA wird diese Taktik heute noch angewendet. Sie besteht darin, dass eine Minderheit durch eine »Rede ohne Ende« eine ihr nicht genehme politische Entscheidung zu verzögern oder gar zu verhindern versucht.
195 Ich habe dies an anderer Stelle als das Problem des »gleichgültigen Atheismus« bezeichnet. Vgl. EBERHARD MARTIN PAUSCH: Zwischen Fundamentalismus und Atheismus, 91f. Diese Form des Atheismus scheint mir in der Gegenwart sogar eine größere Herausforderung darzustellen als der »aggressive Atheismus«.

fentlichkeit darstellen – nach dem Motto: »Schaut her, wie fromm ich doch bin!«. Ich denke, man sollte dies nicht historisch an einer bestimmten Personengruppe festmachen (und etwa insbesondere an »Pharisäer« dabei denken). Es ist ja vielmehr ein Faktum, dass es in allen Kulturen und Religionen Menschen gibt, die die Selbstdarstellung lieben. Darum, so verstehe ich Jesus, sollte es Christenmenschen nicht gehen. Deshalb hat das »stille Kämmerlein«, also das einsame, private Gebet seine volle Berechtigung. »Auf Du und Du« mit Gott, das ist legitim und in vielen Lebenslagen sinnvoll oder sogar geboten.

Aber auch Gebete mit mehreren anderen Personen zusammen oder auch öffentliche Gebete haben – je nach Grund und Anlass – ihren guten Sinn. Beten müssen wir ja alle irgendwann einmal lernen, es ist, soweit wir wissen, keineswegs genetisch in unserer DNA verankert. Meistens sind es Eltern oder Erziehungsberechtigte, die uns das Beten beibringen. Und das öffentliche Beten – zumeist in der Öffentlichkeit von Gottesdiensten praktiziert – schafft Gemeinschaft und verbindet uns mit anderen Menschen. Sowohl mit denen, mit denen zusammen wir beten, als auch mit anderen Menschen, an die wir im Gebet denken und für die wir beispielsweise in der Fürbitte eintreten. Beten hat also auf jeden Fall auch einen sozialen Sinn und Gehalt.

Jedenfalls wäre es falsch und unsinnig, wenn Christenmenschen künftig mit Berufung auf das Jesuswort in Matthäus 6,6 nur noch alleine in ihren jeweiligen »stillen Kämmerlein« beten würden. Das wäre ein Missverständnis einer guten Praxis. Beten ist gerade deshalb eine »Macht«, weil es miteinander und füreinander geschieht und immer wieder geschehen kann. Das gemeinsame Gebet mit vielen tausend Menschen zusammen auf den Deutschen Evangelischen Kirchentagen, auf dem Petersplatz in Rom beim Segen »urbi et orbi« des Papstes oder – wenn wir an Muslime denken – an der Kaaba in Mekka ist für viele Menschen, die selbst daran teilnehmen oder es auch nur aus der Ferne wahrnehmen, berührend, beeindruckend und als soziales Ereignis auch wirkungsvoll.

Wenn Christenmenschen beten, dann geschieht dies im Geist der Liebe. »Hass-Gebete« verbieten sich daher von selbst. Aber Gebete dürfen auch nicht dazu benutzt werden, um andere Menschen zu manipulieren. Derartiges geschieht mitunter in besonders engen Glaubens-Gruppierungen oder in Sekten, es kann sich aber auch in »normalen« Gemeinden ereignen. Die besondere Nähe seelsorglicher Begegnungen oder von Beichtgesprächen birgt in diesem Zusammenhang Gefahren. Es gibt eben auch »geistlichen Missbrauch« von Menschen. Er ist nicht weniger verwerflich als der körperlich-sexuelle Missbrauch, auch wenn er im Gegensatz zu diesem nur selten als Verbrechen verfolgt werden kann.

Ich fasse einige basale ethische Regeln für das Beten zusammen:

- Christenmenschen *dürfen* zu Gott beten.
- Wenn sie beten, können und dürfen sie dies jedoch *nur zu Gott* tun.
- Wenn sie beten, können sie dies alleine *oder* mit anderen gemeinsam tun.
- Wenn sie beten, sollten sie immer die Welt als Gottes Schöpfung und die anderen Menschen als Teil dieser Schöpfung im Blick haben und in ihre Gebete einschließen. Beten hat also einen *kosmischen, globalen und sozialen Sinn*.
- Gebete von Christenmenschen sollten immer *im Geist der Liebe* geschehen, niemals im Geist des Hasses.
- Gebete dürfen niemals dazu verwendet werden, um andere Menschen zu manipulieren. Dies wäre *»geistlicher Missbrauch«*.

4 Beten und Humor

»Christus hat nie gelacht« (Jorge von Burgos). In dem 1980 erstmals erschienenen und mehrfach verfilmten Roman »Der Name der Rose« des italienischen Intellektuellen Umberto Eco (1932–2016) duellieren sich die beiden fiktiven Charaktere William von Baskerville (der mittelalterliche Detektiv) und Jorge von Burgos (der greise Ideologe und Giftmörder), da Letzterer dogmatisch die Auffassung vertritt, Christenmenschen dürften niemals lachen.[196] Ein humorloser Mörder, der mordet, damit das Lachen und der Humor im Glaubensleben keinen Platz finden können. Aber auch wenn im Leben der Glaubenden Humor, Lachen, Freude und Spaß beheimatet sein sollten – gehören sie auch in Gebete hinein? Oder müssen diese immer in einer getragenen Ernsthaftigkeit erfolgen, die für das Lachen keinerlei Raum bietet?

Die Antwort sollte nicht schwerfallen, wenn man nicht gerade Jorge von Burgos heißt: Wer sich freut, darf auch lachen. Und wenn zum Christsein die Freude gehört, dann also auch das Lachen. Warum nicht auch das Lachen im Gebet? Thomas Morus (1478–1535), der Autor des Romans »Utopia«, englischer Lordkanzler, Humanist und Gegenspieler Martin Luthers, schrieb ein Gebet, das mit den Worten beginnt: »Schenke mir eine gute Verdauung, Herr, und auch etwas zum Verdauen!« und auf die folgende Passage zuläuft: »Herr, schenke mir Sinn für Humor, gib mir die Gnade, einen Scherz zu verstehen, damit ich ein wenig Glück kenne im Leben und anderen davon mitteile.«[197] Wie schön, dass da ein Betender während des Betens scherzt und sogar für den Humor im Gebet betet (!) – leider hat

---

196 Das Schlüsselzitat des Jorge von Burgos findet sich in: Umberto Eco: Der Name der Rose, 171.
197 Thomas Morus, hier zitiert nach: Katholische Junge Gemeinde (Hg.): Beten durch die Schallmauer, 239.

sein eher humorloser König ihn enthaupten lassen, so dass ihm nicht mehr die Zeit blieb, seinen Dialog mit Martin Luther weiterzuführen. Was beide bei allen theologischen Differenzen verband, war zum Beispiel ihr Eintreten für die Gewissensfreiheit der Glaubenden[198], aber auch über weite Strecken ein feiner Sinn für Humor. Wer weiß, ob sie sich unter anderen Umständen nicht einander auf Erden hätten annähern können – aber das ist ihnen sicherlich mittlerweile im Himmel längst gelungen.

Eine Einschränkung sei hier dennoch gemacht: Es gibt ja »hellen« und »schwarzen« Humor. Vermutlich ist der christliche Glaube für den »hellen«, heilsamen Humor eher aufgeschlossen. Und Lachen auf Kosten oder zum Schaden anderer oder über andere hat im Gebet sicherlich auch keinen Platz. Völlig abwegig erscheint das »Auslachen Gottes«. Denn wer an Gott glaubt, wird dies sicherlich nicht tun. Wer nicht an Gott glaubt, hat keinen Anlass, es zu tun. Er könnte natürlich über Glaubende lachen oder sie verspotten. Derlei geschieht auch tatsächlich. Für die Glaubenden aber gilt, dass sie nicht andere Glaubende, anders Glaubende oder gar nicht Glaubende auslachen sollten, denn: Nur unter der Maßgabe des Apostels Paulus »Alle eure Dinge lasst in der Liebe geschehen« (1. Korinther 16,14) hat das Lachen seinen Platz im Leben der Glaubenden und auch in ihren Gebeten.

5 Präzise beten!

Zur Macht und Ohnmacht des Betens füge ich hier aus der Perspektive des Humors noch eine kleine Geschichte hinzu. Sie geht so:

---

198 Hierzu meine Skizze in: EBERHARD MARTIN PAUSCH: Gewissensfreiheit als Utopie, 45–47.

»Ein frommer und als sehr gebetsmächtig geltender Missionar ist in Afrika unterwegs. Da wird er in einer entlegenen Savanne ganz plötzlich von einem Rudel hungriger Löwen verfolgt. Das Herz schlägt dem Mann bis zum Hals, denn ein Entkommen scheint unmöglich. Schnell tut der Missionar das, was er am besten kann – er spricht ein Stoßgebet und fällt dann in Ohnmacht: ›Lieber Gott‹, sind seine Worte, ›mache diese reißenden Bestien bitte auf der Stelle zu frommen Christen!‹ Als der Gottesmann sein Bewusstsein wiedererlangt, haben die Löwen einen ordentlichen Kreis um ihn gebildet. Dann falten sie ihre Pranken und beten: ›Komm, Herr Jesus, sei unser Gast und segne, was du uns beschert hast!‹«

Was ist aus dieser Geschichte zu lernen? Sicherlich zum einen: dass wir uns bemühen sollten, präzise zu beten. Also in unseren Gebeten darauf zu achten, worauf es wirklich ankommt und was wir wirklich brauchen und wollen. Zum anderen: dass auch die konkreten Gebetsformulierungen von großer Bedeutung sein können. Das gilt natürlich vor allem für öffentliche Gebete. Schließlich: dass die Macht des Humors auch vor dem Beten eben nicht Halt machen kann und sollte. Was zu beweisen war.

XI. Mit anderen Religionen beten

1 Mit anderen Religionen beten – multireligiös, interreligiös oder transreligiös

Dass ich als evangelischer Christ mit anderen Menschen zusammen beten kann und darf, dürfte grundsätzlich niemand bestreiten. Natürlich nicht nur mit anderen evangelischen Christenmenschen, sondern auch mit den Glaubenden anderer christlicher Konfessionen. Aber wie steht es mit Personen, die anderen Religionen angehören? Oder denen, die gar keiner Religion (mehr) angehören? De facto tue ich das wahrscheinlich oft, auch ohne es zu wissen. Etwa, wenn ich anlässlich einer Trauerfeier dazu einlade, das Vaterunser zu beten. Sicherlich werden dabei nicht nur Menschen mitbeten, die einer christlichen Kirche angehören. Ich kann und will das auch gar nicht überprüfen. Aber würde ich, sagen wir, in eine Synagoge oder in eine Moschee gehen und könnte ich dort die Gebete jüdischer oder muslimischer Gläubiger – und sei es auch nur innerlich – mitsprechen? Etwa, wenn wir alle zusammen für die Opfer einer Hungersnot in Afrika, für Erdbebenopfer in der Türkei oder für den Frieden in der Ukraine beten würden? Diese und ähnliche Fragen sind im Raum der evangelischen Kirche umstritten.

Die vom kirchlichen »Mainstream«[199] vertretene Meinung lautet: Ein multireligiöses Beten (also nebeneinander oder nacheinander, aber deutlich voneinander getrennt) ist grundsätzlich möglich, sofern eine gemeinsame thematische Fokussierung vorliegt. Das Thema des Betens muss

---

199 Der Begriff »Mainstream« ist hier nicht abwertend gemeint. Er bezeichnet einfach die in der verfassten (evangelischen) Kirche vorherrschende Auffassung zu diesen Fragen.

also klar definiert sein - jedenfalls in dem Sinne, dass die Gebetsinhalte einander nicht widersprechen, sondern im besten Falle miteinander identisch sind.[200] Nicht möglich sei dagegen ein »interreligiöses«, also ein im engeren Sinne gemeinsames Gebet, bei dem beide Gruppen von Betenden »Gott« anreden würden, die einen (Christinnen und Christen) damit aber den Vater Jesu Christi, die anderen (Musliminnen und Muslime) aber Allah meinen würden, der nach islamischer Auffassung eben nicht in einer Vater-Relation zu Jesus steht. Die sachliche Begründung dafür ist naheliegend, es ist eben die (vermeintliche oder tatsächliche) Differenz des Gebetsadressaten. Die Betenden wendeten sich nicht an den selben Gott.[201] Allerdings: Da es ja sowohl nach christlicher wie auch nach islamischer Auffassung nur einen Gott gibt, kann die Extension des Begriffs »Gott« hier nur identisch sein, auch wenn die Intension des Gottesbegriffs voneinander abweicht - so wie im Fall von »Morgenstern« und »Abendstern«, wo in beiden Fällen der Planet Venus gemeint ist.

Demgegenüber hat neuerdings *Andreas Herrmann* eine Auffassung vertreten, die für größere Offenheit steht. Er kommt zum Ergebnis: »Wenn Christen und Christinnen mit Muslimen und Musliminnen interreligiös beten, dann zeigen sie damit: Wir beten ganz selbstverständlich gemeinsam zu dem einen Gott.«[202] Herrmann argumentiert dabei mit Hilfe von Figuren, die er von Ludwig Wittgenstein und Ingolf Ulrich Dalferth entliehen hat, indem er vom »Spiel« bzw. »Sprachspiel« redet und indem er die Trinitätslehre als eine grammatische »Regel« deutet, die

---

200 Natürlich ist es auch innerhalb einer Religion höchst problematisch, ein gemeinsames Gebet zu sprechen, bei dem die einen für das Gegenteil der anderen einstehen und beten. Dass es faktisch solche Fälle gegeben hat, macht die Tatsache erst recht absurd und schlimm.
201 Vgl. exemplarisch: KIRCHENAMT DER EKD (Hg.): Klarheit und gute Nachbarschaft, 113-118.
202 ANDREAS HERRMANN: Das Spiel mit Gott, 237-254, dort 254.

als eines dieser Sprachspiele dem Christentum zu eigen sei. Ich gestehe, dass ich zwar Herrmanns Ergebnis teile, aber einen anderen Argumentationsweg bevorzugen würde. Denn die Rede vom »Spiel mit Gott« oder vom »Sprachspiel« könnte als Unernsthaftigkeit oder Beliebigkeit (miss-) verstanden werden. Natürlich ist sie weder bei Wittgenstein noch bei Dalferth so gemeint. Aber kann und sollte ich denn auch die Sprachspiele anderer Religionen im Gebet mitspielen? Wenn ja, wie weit darf dieses Mitspielen gehen – und wo wäre die Grenze zu ziehen? Hierfür scheint mir Herrmanns Hinweis auf die »grammatische Regel« wichtig zu sein, als die er die Trinitätslehre deutet. Gegen diese Regel darf offenbar nicht verstoßen werden – aber ist das für Mitbetende aus anderen Religionen überhaupt möglich? Und: Wenn die Trinitätslehre eine grammatische Regel wäre, würde sie dann eine beschreibende oder eine vor-schreibende Funktion im Blick auf das christliche Reden von Gott haben? Deskription: Ja, da könnte ich zustimmen. Denn Christenmenschen reden oft so, wenn auch nicht immer. Präskription: Da würde ich widersprechen. Wer Gott als die Liebe selbst interpretiert und ihn metaphorisch als »Vater« (oder »Mutter«) anredet, der muss ihn keineswegs trinitarisch deuten. Ich habe das ja oben bereits ausgeführt und begründet.

Was mir allerdings wichtig scheint: Weil andere Religionen eine *je andere Identität* haben und über ihre *je eigene Würde* verfügen, die wir nicht antasten dürfen[203], müssen wir mit dem Thema des Betens besonders vorsichtig und empathisch (»tutioristisch«) umgehen. Wir dürfen die Menschen anderer Religionen weder vereinnahmen noch verletzen noch manipulieren. Daher ist auch ein »transreligiöses Beten« (im Sinne eines grenzüberschreitenden

---

[203] Ich bin der Überzeugung, dass nicht nur Menschen, sondern auch Religionen eine Würde zukommt, also ein »Anrecht auf Achtung«. Vgl. EBERHARD MARTIN PAUSCH: Wahrheitsnähe, Wahrheitsferne, 156f.

Betens, das sich nicht darüber klar ist, auf welches Terrain es sich begibt) jedenfalls dann gefährlich, wenn die praktizierte Grenzüberschreitung[204] Menschen vereinnahmen oder verletzen sollte.

Wie denke ich daher über die Möglichkeit multi-, inter- und transreligiösen Betens?

- Unstrittige Voraussetzung sollte sein, dass es sich bei Judentum, Christentum und Islam (um sich auf diese drei Fälle zu beschränken) tatsächlich um unterschiedliche Religionen handelt, die jeweils eine eigene religiöse Identität und eine eigene Würde als Religion haben.
- Auf dieser Grundlage halte ich *multireligiöse Gebete* für sinnvoll und unbedenklich.
- *Interreligiöse Gebete* halte ich zwar für möglich, empfehle aber in dieser Hinsicht eine möglichst große Behutsamkeit und die *Beachtung von klaren Kriterien*.
- Das *wichtigste Kriterium* im Blick auf die Möglichkeit interreligiöser Gebete scheint mir zu sein, ob es den Angehörigen einer anderen Religion, mit denen ich beten möchte, *zumindest möglich* erscheint, den Schöpfer der Welt als den Gott zu verstehen, der *in seinem Wesen die Liebe selbst* ist.
- Grundsätzlich gebe ich zu bedenken: Wir sollten die eigene religiöse Identität bei gemeinsamen Gebeten nicht verleugnen oder preisgeben – etwa, indem wir Mohammed als den für uns maßgeblichen Propheten anerkennen. Ebenso wenig sollten wir die Betenden anderer Religionen bei einem gemeinsamen Gebet vereinnahmen oder manipulieren wollen.

---

204 Zu Recht werden *sexuelle Grenzüberschreitungen* in den letzten Jahren (bis hin zu den eklatanten Missbrauchsfällen) besonders kritisch in den Blick genommen. Sexueller Missbrauch ist verbrecherisch. Aber auch Gebete sind sehr intime Angelegenheiten. Deshalb muss auch hier besondere Vorsicht, besondere Sorgfalt, besonderes Augenmerk auf die tatsächliche Praxis gemeinsamen Betens aufgewandt werden. Auch »geistlicher Missbrauch« ist hoch problematisch.

- Die Inhalte eines interreligiösen Gebets zu dem einen Gott sollten vorher genau besprochen (wofür wollen wir beten?) und die Durchführung behutsam geplant (wie wollen wir beten?) werden. Es sollte auch eine Nachbereitung erfolgen (wie fühlen wir uns nach diesem gemeinsamen Beten?).
- Wer gar für transreligiöse Gebete plädiert, muss bedenken, dass erst recht in dieser Praxis die Gefahr von Vereinnahmung, Selbst-Preisgabe oder Verletzungen besteht.
- Statt gemeinsamen Betens ist auch ein gemeinsames Meditieren denkbar und sinnvoll. Jedoch sollte das eine das andere meines Erachtens nicht ersetzen.

2 Gebet oder Meditation?

Was ist das eigentlich, Meditation? Wie verhält sich Meditation zum Gebet? Steht sie daneben als eine eigenständige Weise, Religion zu leben? Ist sie eine Weise, zu beten, also eine Teilmenge der Menge der Gebete? Oder ist sie eine Alternative zum Gebet? Die letztere Auffassung vertritt – beispielsweise – Wolfgang Pfüller.[205]

Pfüller argumentiert im interreligiösen Kontext damit, dass Gebete in aller Regel ein personales Gottesverständnis voraussetzten, wie sich vor allem am Beispiel des Bittgebetes zeigen lasse. Er findet ein solches Gottesverständnis »allzu naiv, will sagen infantil«[206]. Noch kritischer äußert er sich gegenüber der trinitarischen Gottesauffassung (Trinitätslehre). Sie sei eine »so monströse wie absurde Fehlkonstruktion«[207]. Vor diesem Hintergrund und mit Blick auf die Möglichkeit, mit anderen Religionen

---

205 Wolfgang Pfüller: Gebet oder Meditation?, 133–158.
206 Ebd., 158.
207 Ebd., 152, dort Anm. 37. Vgl. die ganze Passage 151f.

Gemeinsamkeiten zu finden und zu etablieren, plädiert er dafür, das Gebet durch die Meditation zu ersetzen. Daran ist zunächst einmal richtig: Meditation als eine Weise, Religion zu leben, findet sich in allen fünf Weltreligionen. Sie scheint also ein verbindendes Element zu sein. Aber was ist »Meditation« eigentlich? Bedeutet sie in allen Religionen dasselbe?

Eine sehr einfache Definition von »Meditation« lautet: »intensives zielgerichtetes Nachdenken«[208]. Etwas genauer wird die »Intensität« des Nachdenkens mit dem Verweis auf »Methoden« der Besinnung und auf »Ganzheitlichkeit« der menschlichen Hingabe charakterisiert. Meditation ist also mehr als bloßes »Nachdenken« bzw. »Denken«, weil sie als intentionale Bewusstseinsschulung den ganzen Menschen beansprucht. Auf eine bestimmte Religion ist die Meditation nicht festgelegt, sie kann sogar a-religiös stattfinden. Sie kann aber auch ein Element innerhalb von Religionen sein, und sie ist es in der Regel in der Weise, dass sie eben *nur* ein Element in diesen darstellt. Religion ist also immer mehr als bloße Meditation, und Meditation kann es auch ohne Religion geben.

In der Geschichte des Christentums hatte die Meditation immer einen Platz, oft verbunden mit Gebet. Martin Luther hat sie sogar als eine »theologische Methode« verstanden. In seiner Vorrede zum ersten Band der Wittenberger Ausgabe seiner deutschen Schriften nennt er sie als ein Element in der Trias »oratio (Gebet), meditatio« und »tentatio« (Anfechtung) und charakterisiert sie näher so: »[...] nicht allein im Herzen, sondern auch äußerlich die mündliche Rede und im Buch geschriebenen Worte immer treiben und reiben, lesen und wiederlesen, mit fleißigem Aufmerken und Nachdenken, was der heilige Geist damit

---

208 MICHAEL VON BRÜCK: Meditation/Kontemplation: I. Religionswissenschaftlich, Sp. 964f, dort 964.

meint«[209]. Martin Luther stellt sich also mit Blick auf das Studium der Theologie und insbesondere auf den Umgang mit der Bibel die Meditation als eine Methode vor, die keine Alternative zum Gebet darstellt, sondern gleichsam »gleichberechtigt« neben ihr steht.

Wer hat nun Recht – Luther oder Pfüller? Dazu folgende Argumente:

- Es scheint mir nicht erwiesen zu sein, dass der Begriff der »Meditation« in allen Religionen dieselbe Bedeutung hat. Nicht einmal innerhalb des Christentums wird er »univok« verwendet – Luthers Sprachgebrauch unterscheidet sich von anderen Begriffsverwendungen. Wäre es da nicht sehr kühn, die religionsverbindenden Gesichtspunkte in diesem Phänomen so hoch zu bewerten, dass man es an die Stelle des Gebets setzt?[210]
- Richtig ist: Gebete setzen in aller Regel ein personales Gottesverständnis voraus. Wären sie dadurch als »entbehrlich« erwiesen, wenn sie sich gleichsam durch Subtraktion aller trinitarischen und personalen Implikationen als Meditationen erweisen würden? Das müsste allerdings erst einmal gezeigt werden. Gelten die Formeln: Meditation plus personales Gottesverständnis = Gebet? Sowie: Meditation plus personales plus trinitarisches Gottesverständnis = christliches Gebet? Das scheint mir doch höchst zweifelhaft zu sein.
- Weiterhin: Gebete können auch bloß aus einem *Stammeln, Seufzen, Suchen nach Worten* oder sogar nur *aus*

---

209 MARTIN LUTHER: Vorrede zum ersten Band der Wittenberger Ausgabe der deutschen Schriften Luthers, in: Ausgewählte Schriften, Bd. I, 6–11, dort 9.
210 Damit soll nicht ausgeschlossen werden, dass es christliche Meditationen geben kann, die sich formal mit Gebeten überschneiden – und umgekehrt. Vgl. hierzu auch die Anregungen von NIKLAUS BRANTSCHEN: Gottlos beten. Brantschen ist Jesuit und Zen-Meister. Sein Buch schlägt im Anschluss an Meister Eckhart einen mystischen Zugang zur Religiosität vor.

non-verbalen Zeichen bestehen. Auch dann sind sie nach christlicher Auffassung vollgültige Gebete. Meditationen zeichnen sich dagegen durch Nachdenken, methodisches Vorgehen, und geordnetes Sich-Besinnen aus.
- Wichtiger noch: Auch haben Gebete, wie oben gezeigt, grundsätzlich einen existentiellen sowie die Wirklichkeit im Ganzen (und auch die soziale Wirklichkeit) betreffenden Sinn. Meditation kann dagegen vollkommen abstrakt und individuell sein und beliebige Themen und Themenaspekte zum Inhalt haben. Menschen können darüber meditieren, wie viele Sandkörner die Wüste hat, ob Kaspar Hauser ein Erbprinz des Hauses Baden war oder ob Wurmlöcher in ein anderes Universum führen. Das sind aber keine sinnvollen Themen für Gebete (es sei denn, man stürze gerade in ein Wurmloch!), denn sie haben keine *existentielle Relevanz*. Genau das ist bei Gebeten anders.
- Schließlich: Gebete in der Form von Bittgebeten implizieren, wie ebenfalls oben bereits gesagt, dass für sie *die Zukunft offen, veränderlich und gestaltbar* ist. Dahinter können Gebete nicht zurückgehen – dieser Gedanke ist so fest in der »DNA« von Gebeten[211] verankert, dass in ihnen sogar dafür gedankt werden kann, dass die Zukunft offen ist und bleibt. Dieser Gedanke ist in Meditationen (etwa über das Wesen der Zeit) zwar möglich, aber er ist nicht wesentlich für sie.

Vor diesem Hintergrund halte ich an der Auffassung fest, dass Gebete – und insbesondere auch Bittgebete – nicht nur sinnvoll sind, sondern sich grundsätzlich auch deutlich von Meditationen unterscheiden. Sie können jedenfalls nicht einfach durch sie ersetzt werden.

---

211 Auf die »DNA« von Gebeten werde ich in Kapitel XIII noch zu sprechen kommen.

XII. Gebete im Zeitalter der Digitalisierung

»Das Herz hat seine Gründe (raisons), die der Verstand (raison) nicht kennt.« (Pascal)

1 Ein neuer Strukturwandel der Öffentlichkeit

Pascal, selbst Erfinder einer mechanischen Rechenmaschine, hätte sich über die Erfindung des Computers und die Entwicklung des Internets sicherlich gefreut. Vermutlich hätte er aber auch davor gewarnt, einseitig auf diejenige Form der Vernunft zu setzen, die aus reiner Rechenkapazität besteht. Denn er – zu seiner Zeit ein Geistesgigant – hielt Religion wesentlich für eine Herzenssache. Vielleicht ließe sich seine Kritik am rechnenden Verstand mit Hilfe des Begriffs der »instrumentellen Vernunft« rekonstruieren. Denn sehr wohl hat er ja – wie nicht nur seine »Wette« zeigt – auf die Macht der Vernunft gesetzt. Teile der Vernunft sind somit der Kooperation mit den »Herzen« der Menschen fähig, andere nicht.[212] Unbestreitbar hat der Beginn des Zeitalters der Digitalisierung unsere Welt erheblich verändert und wird das erst recht künftig tun. Damit hat sich auch das geändert, was »Öffentlichkeit« heißt und bedeutet. Auch dieser Wandel bedarf im Kontext unserer Überlegungen zur Gebetsthematik der Untersuchung.

---

[212] Auch MARTIN LUTHER hatte bekanntlich ein zwiespältiges Verhältnis zur Vernunft. Natürlich ist Vernunft korrumpierbar, aber nur zu ihrem eigenen Schaden lässt sie sich verkürzen. Ich selbst vertraue auf die Macht der aufklärerischen Vernunft, die ich als »liebevolle Vernunft« oder als »Vernunft im Geist der Liebe« verstehe und mit dem weisheitlichen »Logos« des Johannesevangeliums in enger Verbindung sehe.

Der Sozialphilosoph Jürgen Habermas hat sich in seiner Habilitationsschrift aus dem Jahr 1962[213] und dann wieder 60 Jahre später, im Jahr 2022, in einer sehr späten Publikation der Thematik des »Strukturwandels der Öffentlichkeit« zugewandt. Weder in der einen noch in der anderen Schrift geht es an irgendeiner bedeutsamen Stelle um Theologie oder Religion – und schon gar nicht um das Gebet. Und doch wurde Habermas durch sein Frühwerk – in der Theologie vermittelt vor allem durch Wolfgang Huber – auch zu einem Vordenker der »öffentlichen Theologie«, die seit den 2000er Jahren in Deutschland an Einfluss gewonnen hat, ohne unwidersprochen zu bleiben. Als Habermas sich 2022 erneut zu Wort meldete und einen »*neuen* Strukturwandel der Öffentlichkeit« reklamierte[214], galt seine Aufmerksamkeit den herausfordernden Rahmenbedingungen einer digitalen Öffentlichkeit in den digitalisierten Gesellschaften des 21. Jahrhunderts. Er skizziert zu Recht die durch den technologischen Fortschritt der digitalisierten Kommunikation beförderten »Tendenzen zur Entgrenzung, aber auch zur Fragmentierung der Öffentlichkeit«[215]. Er weist auf den Schwund der klassischen gedruckten Printmedien hin und diagnostiziert eine »Plattformisierung der Öffentlichkeit«[216]. Dadurch komme es zu Echoräumen und Filterblasen, in denen »Fake News« verbreitet werden und Verschwörungstheorien kursieren. Diese Prozesse führten vielfach zu »politischer Regression« und zu einem mindestens temporären »Zerfall der

---

213 Jürgen Habermas: Strukturwandel der Öffentlichkeit. Dass Habermas in dieser Schrift nicht die öffentliche Rolle von Gebeten thematisiert, ist verständlich. Denn ihm geht es ja wesentlich um die Bedeutung öffentlicher *Argumentation* in modernen bürgerlichen Gesellschaften. Gebete aber sind, auch wenn sie öffentlich stattfinden, in aller Regel keine Orte öffentlicher *Argumentation*.
214 Jürgen Habermas: Ein neuer Strukturwandel der Öffentlichkeit und die deliberative Politik.
215 Ebd., 11, 47.
216 Ebd., 56.

politischen Öffentlichkeit«[217]. Damit sei die Demokratie auf neue Weise herausgefordert und gefährdet. Heute aber hat Habermas nicht wie in den 1960er/70er Jahren eine Konzeption bereit, die er – wie seinerzeit das Modell des »herrschaftsfreien Diskurses« über Wahrheits- und Geltungsfragen – als Patentrezept der digitalisierten Gesellschaft zur gefälligen Praxis anempfehlen könnte.

Wenn es richtig ist, dass wir dabei sind, die alte »Gutenberg-Galaxis« (McLuhan/Dalferth) des gedruckten Wortes hinter uns zu lassen und uns in das digitale Andromeda zu begeben[218], dann hat dies unvermeidlich auch Auswirkungen auf die Gestaltung von religiöser Kommunikation und die Praxis des Betens. Hier eröffnet sich (nicht nur) für die Praktische Theologie ein weites Forschungsfeld. Sicher kann man bereits jetzt einige Tendenzen erkennen, und sie sind durchaus ambivalenter Natur. Denn einerseits kann die *Entgrenzung* der religiösen Kommunikation durchaus begrüßt werden: Grundsätzlich kann ich mit einem digital ausgestrahlten Gottesdienst nahezu alle Menschen in unserem Land erreichen, ja, sogar potenziell drei Viertel der Weltbevölkerung – und dies nicht nur bei gleichzeitiger, sondern auch in nachzeitiger Kommunikation. Aber auch religiöse »Fake News«, Irrlehren und Ideologien können auf diese Weise verbreitet werden. Das ist wiederum weniger erfreulich, sondern tendenziell eher bedrohlich. Auch wer Hass predigt oder sogar im Gebet zu Hass aufruft, erreicht so sehr viele Menschen. Und religiöse Influencer aus allen möglichen Richtungen können sich so zu religiösen »Vorbeterinnen und Vorbetern«

---

217 Ebd., 62ff.
218 Ich habe diesen Prozess nachgezeichnet in meinem Aufsatz: EBERHARD MARTIN PAUSCH: Der Vordenker: Jürgen Habermas' große Schrift von 1962 und der Protestantismus, 24f. Dalferth hat McLuhans Begriff der »Gutenberg-Galaxis« aufgegriffen, um zu markieren, woher wir kommen. Ich schlage korrelativ dazu den Begriff des »digitalen Andromeda« vor, um zu sagen, wohin wir uns bewegen.

entwickeln. Aber auch die *Fragmentierung* der religiösen Kommunikation hat ambivalente Konsequenzen: Denn es können sich jetzt digitale »Personalgemeinden« bilden und vernetzen – Schleiermacher hatte ja als einer der ersten die Bildung von Personalgemeinden als Alternative zu den klassischen Ortsgemeinden empfohlen. Wiederum sei ein »Aber« gestattet: Dies kann sicherlich zu einer weiteren Ausdünnung von ohnehin fragilen und schrumpfenden Gemeinden vor Ort führen und natürlich »in the long run« auch zur digitalen Zersplitterung, die wiederum alle Arten von Gemeinschafts- und Gemeindebildung betreffen kann.

Auch unterliegen Gebete, die nicht mehr in Kopräsenz, sondern in digitaler Vernetzung stattfinden, eigenen Gesetzmäßigkeiten und eigenen Dynamiken: Jede/r kann sich ein- oder ausschalten nach Belieben – die Verbindung kann aber auch aus technischen Gründen plötzlich abreißen – schafft und garantiert das wirklich eine stabile Gebetsgemeinschaft? Wie ist oder wird das digitale Beten mit dem Angebot digitaler Verkündigung und digitaler Seelsorge verknüpft? Wie echt, wie befremdlich oder wie entfremdet wirken digitale Gebete auf Menschen? Das sind nur einige Fragen, die sich mir stellen. Der neue Strukturwandel der Öffentlichkeit wirft auch für Religion und Gebet zahlreiche Fragen auf. Wer für eine »öffentliche Theologie« einsteht, der muss sie als öffentliche Theologie in der digitalisierten Weltgesellschaft verstehen und genau deshalb als »Theologie in öffentlicher Verantwortung« konzipieren. Denn es reicht in der digitalisierten Weltgesellschaft nicht aus, Theologie nur in die Öffentlichkeit bringen zu wollen – dies muss vielmehr in verantwortlicher und verantwortungsethisch reflektierter Weise geschehen.

2 Alexa, bete für mich! ChatGPT, feiere für mich Gottesdienst!

Die Digitalisierung ist mittlerweile weit vorangeschritten, und ihr Ende ist nicht abzusehen. Theologie[219] und Philosophie[220] – und nicht nur diese beiden Wissenschaften – fragen sich, was das für unsere Weltgesellschaft insgesamt und für uns als Menschen bedeutet. Werden wir, wenn die »technologische Singularität« erreicht ist, also die künstliche Intelligenz die menschliche Intelligenz übertrifft, als natürliche Menschheit ein »Auslaufmodell« werden?[221] Schon heute können Computer die besten Schach-, Go- und Stratego-Spieler der Welt besiegen. Sie können wesentlich schneller und präziser rechnen, und inzwischen können sie auch Texte nicht nur wiedergeben, sondern auch selbst produzieren, die kaum noch von Texten unterscheidbar sind, die Menschen verfasst haben. Können Maschinen, können Computer, kann die Künstliche Intelligenz aber auch beten? Das ist keine übertriebene Frage, denn bereits auf der »Wittenberger Weltausstellung der Reformation« im Jahr 2017 spendete der noch relativ schlichte Roboter »Bless-U-2« vielen tausend Menschen in unterschiedlichen Sprachen seinen Segen. War das aber ein echter Segen? Während des Evangelischen Kirchentags in Nürnberg 2023 wurde ein ganzer Gottesdienst mit bzw. von künstlicher Intelligenz gestaltet. Die Worte verfasste der Chatbot »ChatGPT«, die Kirchenmusik komponierte ebenfalls ein Computer.[222] War

---

219 VOLKER JUNG: Digital Mensch bleiben.
220 JULIAN NIDA-RÜMELIN/NATHALIE WEIDENFELD: Digitaler Humanismus.
221 Vgl. hierzu auch STEPHEN HAWKING: Kurze Antworten auf große Fragen, 207–221. Zum Gedanken der »technologischen Singularität« besonders 186, 208, 212.
222 https://www.evangelisch.de/inhalte/217045/09-06-2023/alles-aus-der-maschine-kirchentag-feiert-deutschlands-ersten-ki-gottesdienst (abgerufen am 30.6.2023).

das nun ein echter Gottesdienst? Die Reaktionen der etwa 400 Gottesdienstteilnehmenden fielen unterschiedlich aus:

»Die im Anschluss auch digital übermittelten Rückmeldungen aus dem Kreis der Besuchenden sind überwiegend kritisch: Zu unpersönlich, zu emotionslos, keine Bewegung im Altarraum, keine Atmosphäre, die Musik ›wie im Fahrstuhl‹.›Die Gebetssprache ein einziges Geschwätz, der Ablauf ohne Dramaturgie, die wunderbare Kunst des Sprechens geht verloren, der Glaube funktionalisiert mit Aussagen wie *du musst, du sollst*‹, kritisiert Melitta Müller-Hansen, Rundfunkbeauftragte der bayerischen Landeskirche. Außerdem fragt sie: ›Spricht die KI im Namen Gottes?‹ Und zu der emotionslosen Stimmlage der Avatare sagt sie: ›Die Kehle ist die Seele.‹«[223] Es gab aber auch positive Reaktionen: »Es sei ein Experiment mit Potenzial, lobt beispielsweise die Theologin und Technikanthropologin Anna Puzio. Der Gottesdienst sei ›eine coole Sache‹. Und der hölzerne Auftritt der Avatare? ›Die werden sich verändern‹, davon ist sie überzeugt.«[224] Ich denke auch, dass sich bei entsprechender Programmierung die »Professionalität« von (fast) ausschließlich digitalen Gottesdiensten noch deutlich steigern wird. Und es kann sein, dass man sie irgendwann einmal kaum noch von Gottesdiensten unterscheiden kann, die von realen Menschen gestaltet werden – zumal es auch in diesem Feld erhebliche Qualitätsunterschiede gibt.

Schon seit längerem gibt es ja die Möglichkeit, mit Hilfe von Computerprogrammen wie etwa »Alexa« Gebete zu sprechen. Diese liefern dann auf Abruf den ihnen eingegebenen Schatz an vorformulierten Gebeten und können den Menschen, die beten wollen, die gewünschten Texte vorsprechen oder gleichzeitig mit ihnen artikulieren. Etwa

---

223 Ebd.
224 Ebd.

in Zeiten der Corona-Pandemie, in der »social distancing« (korrekter wäre: »physical distancing«, so Wilfried Härle) geboten war, oder auch für Personen, die aus anderen Gründen und Anlässen alleine sind, kann das eine Hilfe zum Beten sein.[225] Sei es, weil man den Text des »Vaterunsers« oder anderer Gebete nicht (mehr) auswendig verfügbar hat, sei es, weil man wenigstens das Gefühl haben möchte, man sei in dieser Situation des Betens nicht alleine. Aber kann auch eine digitale Intelligenz wie »Alexa« für mich – also an meiner Stelle – beten? Kann sie eine gültige Fürbitte für mich sprechen, bei der ich annehmen kann, dass Gott ihr Gebet hören und womöglich »erhören« wird?

Die Thematik lässt sich im Blick auf »ChatGPT« noch zuspitzen: Kann dieser Chatbot selbst Gebete (und nicht bloß gebetsähnliche) Texte formulieren? Und würde Gott die von dieser Maschine gebastelten künstlichen Gebete hören und womöglich »erhören«?

Sicher ist: Computerprogramme können sowohl Gebetstexte aus dem Internet sowie aus den ihnen verfügbaren Speichern abrufen als auch (im Falle von ChatGPT) diese erstellen, herstellen, zusammenstellen. Sie erschaffen somit Texte, die von Menschen als Gebete verstanden werden können, also »Gebetsformen«. Diese Texte bzw. Gebetsformen wären aber nur dann wirkliche Gebete, wenn die sie erzeugende Künstliche Intelligenz auch den Wunsch und Willen hätte, mit ihnen zu Gott zu beten. Dazu müsste sie zunächst einmal an Gott glauben können, also nicht nur die Idee haben, dass es einen Gott geben könne (was sie ja keineswegs beweisen kann), sondern dieser Idee ein Gefühl zuordnen können: nämlich Glauben als *Vertrauen*. Können Künstliche Intelligenzen Ge-

---

225 https://theonet.de/2021/06/23/alexa-beten-erfahrungen-mit-dem-sprachassistenten/ (abgerufen am 30.6.2023).

fühle wie Vertrauen, Hoffnung und Liebe haben oder entwickeln – also die Trias, die nach Paulus (1. Korinther 13) die christliche Existenz definiert? Können sie Moral entwickeln? Vermögen sie wirklich, in einem vollumfänglichen Sinne, selbstständig zu denken? Julian Nida-Rümelin und Nathalie Weidenfeld sind sich sicher: Computer können nicht fühlen, sie können Gefühle aber simulieren. Die Künstliche Intelligenz kann nicht wirklich denken.[226] Und Roboter besitzen keine moralische Urteilskraft. Sie haben keine eigenen Intentionen und können somit nichts selber wollen. Allerdings wird es in der Zukunft immer schwieriger werden, ihre tatsächlichen Fähigkeiten und Handlungen von den Handlungen und Fähigkeiten von Menschen zu unterscheiden.[227] Deswegen brauchen wir unbedingt einen »digitalen Humanismus« und müssen jenseits von digitaler Euphorie und digitaler Apokalyptik darum ringen, »digital Mensch zu bleiben« (Volker Jung). Oder, in Stephen Hawkings Worten: »Unsere Zukunft ist ein Wettlauf zwischen der wachsenden Macht unserer Technologien und der Weisheit, mit der wir davon Gebrauch machen. Wir sollten sicherstellen, dass die Weisheit gewinnt.«[228]

Wenn unsere diesbezüglichen Überlegungen zutreffen sollten, dann ist es jedenfalls ausgeschlossen, dass künstliche Intelligenz beten kann. Denn sie kann *kein Vertrauen* zu Gott haben, sie kann nicht beten *wollen* und sie wird

---

226 Vgl. die ausführliche Argumentation in: JULIAN NIDA-RÜMELIN/NATHALIE WEIDENFELD: Digitaler Humanismus, 32–42, 82–89, 108–119.
227 Vgl. auch PETER DABROCK/FLORIAN HÖHNE: Noch lange nicht fertig. Über die Bedeutung künstlicher Intelligenz für die Religion, 8–11. Den beiden Autoren zufolge ist es nicht ausgeschlossen, dass Künstliche Intelligenz »irgendwann« eine religiöse Atmosphäre kreieren kann. Daher komme es darauf an, religiös kriterial und kritisch an die entsprechenden Technologien »[...] heranzugehen, damit Responsivität kultiviert« werden könne (ebd., 11). Responsivität – also die Fähigkeit, antworten zu können – sei sogar höher einzuschätzen als »Resonanz« im Sinne von Hartmut Rosa.
228 STEPHEN HAWKING: Kurze Antworten auf große Fragen, 221.

auch *keine Moral* entwickeln können, die mit dem Beten – wie wir oben sahen – ebenfalls verbunden sein muss. Oder ist es doch möglich? Hat etwa ChatGPT diesen Text geschrieben?

XIII. Gebete als Meta-Gebete und Mitochondrien der Religion

1 Grenzfälle von Gebeten: Kurz-, Paradox- und Meta-Gebete

In der in Kapitel VII dargestellten Formenlehre von Gebeten ist bereits vom »Stammeln«, vom Seufzen und vom Suchen nach Worten die Rede, sicherlich ein Grenzfall des Betens, wie erst recht das sich daraus wohl auch ableitende Phänomen des »Zungenredens«. In vielen Situationen und Lebenslagen unserer Schwäche mögen wir der Hilfe beim Gebet bedürfen. Eine solche Hilfe können andere Menschen uns gewähren; vielleicht hilft auch der Blick in die Bibel oder in eine Gebetssammlung uns dabei oder aber das Hören oder Singen eines Liedes. Dennoch, in Grenzsituationen, in die wir geraten können, kann es sein, dass unsere Gedanken sich verwirren, unsere Gefühle uns blockieren und unsere Worte kaum mehr als ein Stammeln zustande bringen.[229] Was dann? Paulus hat solche Lebenslagen im Blick – vielleicht eine Verfolgungssituation oder eine andere, lebensbedrohliche Gefahr, in die wir geraten können. Dann, so meint Paulus, hilft Gott selbst als der (Heilige) Geist uns auch bei unserem Beten: »Desgleichen hilft auch der Geist unsrer Schwachheit auf. Denn wir wissen nicht, was wir beten sollen, wie sich's gebührt, sondern der Geist selbst tritt für uns ein mit unaussprechlichem Seufzen.« (Römer 8, 26)

---

[229] Der blinde französische Widerstandskämpfer Jacques Lusseyran erzählt von der schweren Erkrankung, die er im Konzentrationslager Buchenwald erlitt. In höchster Not wollte er beten und konnte nur noch stammeln: »Aus der Tiefe meines Erstaunens stammelte ich Namen, oder nein, ich sprach sie sicher nicht aus, sie erklangen von selbst: Vorsehung, Schutzengel, Jesus Christus, Gott«.« (JACQUES LUSSEYRAN: Das wiedergefundene Licht, 219.)

Andere Grenzfälle von Gebeten wurden ebenfalls schon genannt, nämlich »Kurzgebete« wie »Maranatha« (Unser Herr, komm!), »Kyrie, soson« (Herr, rette uns!) und »Kyrie, eleison« (Herr, erbarme dich/erlöse uns!), die sich bereits in der Bibel finden und auch an einigen Stellen in unsere gottesdienstlichen Liturgien eingeflossen sind. So kurz sie auch sein mögen, so reich sind sie an Konnotationen und an inhaltlichem Umfang. Denn wer solche Kurzgebete spricht, der bittet ja im Grunde genommen um alles: um das Höchste und Wichtigste, das Menschen von Gott geschenkt werden kann.

Es gibt aber auch noch andere Grenzfälle von Gebeten, von denen ich hier zwei benennen will: das Paradox- und das Meta-Gebet.
Ein typisches Beispiel für ein *Paradox-Gebet*:
»Ich kann nicht beten, Herr.
Ich suche nach Worten,
aber ich finde keine [...]«[230].

Klar ist: Wer sagt, er könne nicht beten und dabei doch Gott adressiert, der hat es längst getan. Der Sache nach handelt es sich hier also um einen *performativen Selbstwiderspruch*. Dem Inhalt nach aber findet gerade das vielleicht dringlichste aller Gebete statt. Der oder die Betende ringt nach Worten, ringt mit sich selbst, ringt auch mit Gott, dessen Existenz er oder sie ja durch seine Anrede voraussetzt. Wer so betet, dem ist das Erste, das er erbittet, ja schon längst geschenkt worden, nämlich die Möglichkeit zu beten selbst. Ihm sind auch Worte geschenkt worden, wie der Wortlaut selbst beweist. Und vielleicht sogar die Hoffnung, dass auch noch andere Gebetserhörungen geschehen könnten. Aus Paradox-Gebeten spricht also die Hoffnung, dass Gott da sein, den

---

230 »Ich hab' dich verloren«, Gebet von *Adolf Exeler*, zitiert nach: KATHOLISCHE JUNGE GEMEINDE (Hg.): Beten durch die Schallmauer, 17.

Betenden antworten und an ihnen und der Welt handeln möge.

Das Gleiche gilt auch für die Meta-Gebete. Ein bekanntes Kirchenlied aus den 1960er Jahren, das seinerzeit sogar die deutschen Hitparaden stürmte, sei hier als Beispiel zitiert:

»Danke, dein Heil kennt keine Schranken, danke, ich halt' mich fest daran. Danke, ach Herr, ich will dir danken, dass ich danken kann.«[231] Man sieht deutlich den Gedanken einer Selbstanwendung des Betens auf das Gebet. Denn das Danken für das Danken-Können stellt eine Art »Meta-Dank« dar. Wenn dieser möglich ist – und das Lied beweist seine gedankliche Möglichkeit –, dann kann es folglich außer den »regulären« Gebeten auch noch die Gattung des »*Meta-Gebets*« geben. Denn natürlich kann ich Gott dafür danken, dass ich beten kann. Ich kann ihn auch dafür loben. Für die Möglichkeit des Beten-Könnens eine Klage an Gott heranzutragen, scheint dagegen auf den ersten Blick nicht sinnvoll zu sein. Denn warum sollte ich beklagen, dass ich Gott anrufen kann? Wenn es ihn nicht geben sollte, schadet mir dies ja nicht, und wenn es ihn gibt, dann hilft und nützt es mir in meinem Leben.

Interessant ist wiederum der Fall, dass ich in einem Meta-Gebet darum bitten kann, auch künftig beten zu können. Da ich über meine Zukunft nicht verfügen kann, kann ich auch über mein künftiges Beten-Können nicht verfügen. Wünsche ich mir aber von Herzen, dass mir die Möglichkeit des Betens auch weiterhin gegeben sein möge, dann macht die Meta-Bitte zweifellos Sinn.

Beten und bitten dafür, dass wir auch künftig beten können – das ist also möglich und sinnvoll. Meta-Gebete haben ihre Berechtigung. Wenn uns einmal die Worte fehlen sollten und unsere Gedanken sich verwirren, dann haben Meta-Gebete ihren Platz.

---

231 Evangelisches Gesangbuch 334, Strophe 6.

Im Ausgang von dem »Kleeblatt«, das wir als Hauptstruktur christlicher Gebete identifiziert haben, lässt sich ein *Schema der wesentlichen Meta-Gebete* erstellen. Es sieht wie folgt aus:

> Ich kann Gott dafür **danken**,
> dass ich (1) danken, dass ich (2) loben, dass ich (3) klagen, dass ich (4) bitten kann.
> Ich kann ferner Gott dafür auch **loben**,
> dass ich (1) danken, dass ich (2) loben, dass ich (3) klagen, dass ich (4) bitten kann.
> Ich kann sodann Gott auch darum **bitten**,
> dass ich auch künftig (1) danken, dass ich (2) loben, dass ich (3) klagen, dass ich (4) bitten kann.
> Was ich dagegen nicht kann, ist, ihm zu klagen, dass ich diese Fähigkeiten habe. Allerdings ist denkbar, dass ich ihm **klagen** kann, klagen zu **müssen**.

Somit ergeben sich 12+1, also insgesamt *13 Hauptkategorien von Meta-Gebeten*, denen sich aufgrund der ausdifferenzierten Gebets-Matrix, die ich in einem früheren Kapitel dargestellt habe, reichlich Sub-Kategorien zuordnen lassen. Aber eine Hauptkategorie gilt es noch, besonders zu würdigen:

Denn das *letzte und fundamentalste Meta-Gebet*, das Christenmenschen überhaupt beten können, ist uns bereits mehrfach begegnet und mit dem Begriff der »Klammer« (Härle) verbunden worden. Der Evangelist Lukas überliefert Jesu Gebet in Gethsemane um Rettung vor dem Tod im folgenden Wortlaut: »Vater, willst du, so nimm diesen Kelch von mir; doch nicht mein, sondern dein Wille geschehe!« (Lukas 22, 42)[232]. Die unmittelbar naheliegende Deutung geht von einem *adversativen* Verhältnis der beiden Willen (Gottes und des Menschen Jesus) aus: Der eine Wille steht

---

232 Die Seitenreferenten Markus und Matthäus überliefern Jesu Bitte mit der einleitenden Formel »... ist es dir möglich ...« (Markus 14, 36; Matthäus 26,39).

gegen den anderen und setzt sich schließlich durch. Denkbar ist aber auch eine Deutung, in welcher der eine Wille (Gottes) den *Rahmen* für den anderen (menschlichen) Willen bildet, in dem dieser entweder geschehen kann oder nicht. Die Formulierung im Vaterunser: »Dein Wille geschehe« ist eher als eine Rahmen-Bestimmung zu verstehen, sie ist im semantischen Kontext nicht adversativ gemeint. Ein Christenmensch kann daher jederzeit im Gebet seinen Wunsch und Willen an Gott adressieren und muss diesem offenlassen, ob der von Gott gesetzte Wille die Erfüllung der eigenen Bitte möglich macht oder nicht.

Dies sind die drei aufgezeigten Grenzfälle von Gebeten: *Kurzgebete*, die in minimaler sprachlicher Gestalt ein maximales Ziel avisieren, *Paradox-Gebete*, die in großer Innigkeit ihre eigene Erfüllung bereits voraussetzen, sowie *Meta-Gebete*, deren letztes und wichtigstes die Einordnung des Willens der Betenden in den Willen Gottes zum Ausdruck bringt. In ihnen allen bekundet sich die hoffnungsvolle Hinwendung von Betenden zum fernen Nachbarn Gott, der als liebevoller Schöpfer der Welt die Liebe selbst ist.

2   Gebete als Mitochondrien der Religion

»Wenn et Bedde sich lohne däät, wat meinste wohl, wat ich dann bedde däät.« (Wolfgang Niedecken, Popgruppe BAP)

»Dass ich arbeite, kann ich erklären; denn Arbeit hat ein nützliches Produkt. Gebet aber hat kein Produkt. Es ist zwecklos [...].«[233] Beten lohnt sich nicht. Man verdient damit kein Geld. Und es nützt ja auch nichts, da Bittgebete ohnehin nie (oder fast nie) in Erfüllung gehen. Das ist sicherlich eine in unserer Gesellschaft weit verbreitete Meinung. Aber

---

233   Fulbert Steffensky: Das Haus, das die Träume verwaltet, 42.

Beten ist auch ein Handwerk, und zwar eines, das goldenen Boden hat – meinte jedenfalls Eberhard Jüngel im Anschluss an Martin Luther. Für Fulbert Steffensky war dieser Aspekt ebenfalls bedeutsam, denn: »Beten ist keine Kunst, sondern ein Handwerk. Der durchschnittliche Mensch kann es lernen, wie er lesen und schreiben und kochen lernen kann.«[234] Gebete im christlichen Verständnis haben immer einen *inklusiven* Charakter, das zeigt schon die Anrede »Vaterunser« und der »wir/uns«-Stil dieses Gebets. Gebete sind in einem weiten Sinn des Wortes: *Inklusion pur*. Deshalb stimme ich Wilfried Härle zu, wenn er im Anschluss an Luther das Gebet als die wunderbare Möglichkeit des Menschen sieht, einen »Mantel weit auszubreiten«, um Gottes liebevolle Zuwendung zu empfangen. Was stimmt denn nun – sind Gebete nutz- und zwecklos, oder »lohnen« sie sich doch, in einem nachvollziehbaren Sinn?

Ich denke, beide Auffassungen haben ihr Recht. In je unterschiedlicher Hinsicht. Wer sich quantifizierbare Ergebnisse oder gar materiellen Gewinn vom Beten verspricht, der wird in aller Regel enttäuscht werden. Ja, ich empfinde es geradezu als Unglauben oder Irrlehre, wenn etwa in den USA einige vom Calvinismus inspirierte religiöse Gruppierungen den ökonomischen Gewinn als Ergebnis eines besonders glaubensstarken Lebens aufgrund von »Gottes Erwählung« interpretieren. Nein, in diesem Sinne lohnt das Beten sich nicht.

Aber von Gott Vergebung, Gnade und Liebe empfangen, das können die Betenden sehr wohl. Wer das Geschenk der Vergebung erlebt, der kann neu und befreit durch sein Leben gehen und es an jedem Tag neu beginnen. Wer Got-

---

234 EBD., 48. Ich füge hinzu: Die kürzlich abgeschlossene, derzeit noch nicht veröffentlichte Dissertation von *Anne Gidion* (seit 2022 Bevollmächtigte des Rates der EKD) widmet sich dem Thema »Gebete in leichter Sprache«. Ich bin froh, dass dieses wichtige Thema nun auch einmal kompetent bearbeitet wurde und gespannt auf die Lektüre.

tes Gnade erfährt, der kann wie der Apostel Paulus auch schwierige Lebenslagen oder schwere Krankheiten resilient durchstehen. Wer von Gottes Liebe angerührt wird, der wird verzaubert und befähigt, auch selbst Liebe zu schenken. Das alles und noch viel mehr schenkt das Beten und bewirken die Gebete.

Die Bittgebete, für Gebetsskeptiker bekanntlich die problematischsten aller Gebete, verändern die Betenden selbst und die geschaffene Wirklichkeit, in der sie existieren. Ob sie auch Gott selbst verändern, das können wir nicht wissen – aber ausschließen können wir es ebenfalls nicht. Bittgebete verändern jedenfalls – so haben wir oben gesehen – die unhintergehbar relationale Struktur von Mensch, Wirklichkeit und Gott. Bekanntlich gilt im Rahmen einer Relationsontologie: Wenn auch nur ein Relat sich ändert, so ändert sich die gesamte Relation.

Ich denke aber, man kann noch mehr über die Unentbehrlichkeit, Funktion und Leistungsfähigkeit von Gebeten im Rahmen der (christlichen) Religion aussagen und möchte mich zu diesem Zweck gerne einer biologischen Metapher bedienen. In drei Hinsichten und im Blick auf drei Vergleichspunkte scheint mir die Anwendung dieser Metaphorik berechtigt zu sein.

- Das Zellorganell der *Mitochondrien* – neben dem Zellkern vermutlich der wichtigste Baustein von Körperzellen überhaupt – nimmt das ihm zugeführte Material auf und wandelt es um in Adenosintriphosphat (ATP), aus dem der Körper seine Energie gewinnt. Gebete dienen im Rahmen der christlichen Religion wie Mitochondrien *als Energiespender, als lebendige Kraftwerke des Glaubens*, aus denen dieser sich erneuert und Kraft gewinnt. Alle Erfahrungen, die Glaubende in ihrem Leben machen, die Freude und die Lust am Leben, die sie empfinden, aber auch die Sorgen, Ängste und Schmerzen, die sie erleiden – sie sind das Material, aus dem die Gebete sich speisen,

wie die Mitochondrien dies tun aus den Nahrungsmitteln, die dem menschlichen Körper zugeführt werden.
- Mitochondrien sind bekanntlich umgeben von einer *doppelschichtigen Membran* – dadurch sind sie grundsätzlich nach außen gesichert, vermögen es aber, in einem bestimmten Umfang mit ihrer Umgebung Stoffe auszutauschen. Auch Gebete besitzen gleichsam *Membranen* und haben eine aufweisbare *Struktur:* Sie haben ja eine zeitliche Erstreckung und eine Struktur, indem sie durch die Anrede an Gott einen Anfang setzen und später zeichenhaft oder sprachlich (»Amen«) einen Abschluss markieren. Sie haben auch meist intern eine definierte Form und erwartbare Inhalte: Das »Kleeblatt« von Dank und Lob, Klage und Bitte macht, wie oben dargestellt, einen Großteil ihrer inneren Struktur aus.
- Mitochondrien *enthalten auch selbst Teile der menschlichen DNA* – nicht die gesamte DNA, aber wichtige Teile derselben. Ähnlich ist es wiederum bei Gebeten. Sie nehmen die Lebens-, Alltags- und Glaubenserfahrungen der Menschen auf und wandeln sie in ihrem Inneren um in Lebens- und Glaubensenergie. Sie enthalten ebenfalls wichtige *Teile der religiösen »DNA«,* also der Erbsubstanz einer Religion, im Christentum allem anderen voran wohl das *Gefühl der schlechthinnigen Abhängigkeit* von Gott. Sie enthalten aber nicht die ganze Erbsubstanz. Denn Gebete umfassen keine komplette Theologie und keineswegs alle Facetten des religiösen Lebens. Das müssen sie auch nicht, denn sie können auch so ihre wesentliche Aufgabe erfüllen: die betenden Menschen stärken, trösten, orientieren, ihnen Hoffnung auf die irdische und jenseitige Zukunft schenken und gerade dadurch Zukunft eröffnen und offenhalten.

So also möchte ich die Gebete der Christinnen und Christen verstehen: als Kraftwerke und Energiespender, als religiöse

Mitochondrien, die mit einem Zellkern verbunden sind, der die DNA der jeweiligen Religion enthält.[235] Religionen sind aber, um das Bild abschließend noch etwas auszuweiten, mehrzellige Lebewesen, die in ihrer Gesamtheit *einen Leib bilden*. Nicht zufällig spielt das Bild des »Leibes Christi« in den Briefen des Apostels Paulus eine so entscheidende Rolle (Römer 12, 4–8; 1. Korinther 12, 12–27). Andere Religionen mögen eine andere DNA haben und andere Leiber besitzen. Aber auch in ihnen spielen Gebete als gleichsam mitochondriale Strukturen, wie wir wissen, eine durchaus bedeutsame Rolle.

Wer an Gott als den liebevollen Schöpfer dieser Welt, der in seinem Wesen Liebe ist, glaubt – und nur diese eine, in sich aber komplexe Glaubensprämisse benötigt eine liberale Lehre vom Gebet –, der wird dankbar sein für all die biologischen und geistig-seelischen Mitochondrien, mit denen die Schöpfungskraft Gottes uns ausgestattet hat, um unser Leben zu bestehen und in Richtung Zukunft verantwortlich gestalten zu können. Unser ferner Nachbar Gott hat gut für uns gesorgt.

---

235 Ich will das gewählte Bild nicht überreizen: Aber ließen sich *Gottesdienste* vielleicht als die *»Golgi-Apparate«* in den religiösen Zellen deuten? Vielleicht werden nicht nur Biologen über diesen Vorschlag schmunzeln. Dann hätte er sein Ziel erreicht: auf humorvolle Weise zum Nachdenken anzuregen.

Autobiografisches Nachwort: »Du richtest mich auf«

»4 Und ob ich schon wanderte im finstern Tal, fürchte ich kein Unglück; denn du bist bei mir, dein Stecken und Stab trösten mich. 5 Du bereitest vor mir einen Tisch im Angesicht meiner Feinde. Du salbest mein Haupt mit Öl und schenkest mir voll ein.« (Psalm 23)

Meine frühesten Erinnerungen datieren aus den Jahren 1964/65. Ich lebte damals bei meiner Großmutter und meiner Urgroßmutter, die mich nach einer schweren, dunklen Zeit in einem Säuglingsheim[236] bei sich in Frankfurt-Rödelheim aufnahmen. Dort wuchs ich auf, in einem Arbeiterhaushalt, und wurde zum sozialen Aufsteiger der 1970er/80er Jahre. Keiner der mir bekannten Vorfahren hatte ein Abitur, geschweige denn ein Studium absolviert. Das Geld war bei uns knapp. Ich kannte keine Familienurlaube, und wir hatten nur fließend kaltes Wasser in unserer Wohnung. Macht- und Hilflosigkeit habe ich in meinem Leben oft erfahren, schon ganz am Anfang und bis in die Gegenwart hinein. Besonders bedrückend bis erschütternd waren und sind für mich bis heute scheinbar unbesiegbare schwere Erkrankungen in meinem engsten persönlichen Umfeld. Als Kind[237] half mir das Beten durch mein Leben, als Jugendlicher hatte ich meine Zweifel daran. Als Erwach-

---

236 Vgl. mein »Outing« in einem Leserbrief in der Frankfurter Allgemeine[n] Zeitung Nr. 68 vom 21.3.2023, 18: »Im Säuglingsheim«. Ich schrieb ihn im Anschluss an den Artikel von FELIX BERTH: »Ohne Erinnerung«, veröffentlicht in der Frankfurter Allgemeine[n] Zeitung Nr. 64 vom 16.3.2023, 6.
237 Die religionssoziologische Forschung (Detlef Pollack) bestätigt, dass für die Entwicklung religiösen Glaubens die in der Kindheit erfahrenen Prägungen in den meisten Fällen entscheidend sind. Das gilt sicherlich in ganz besonderem Maße für die Praxis des Betens. Die daraus zu ziehenden Schlussfolgerungen für die religiöse Früherziehung liegen auf der Hand.

sener kehrte das Vertrauen zu Gott zurück. Vor allem das Studium der Theologie half mir dabei. So konnte ich auch andere Menschen zum Beten einladen.

Musikalisch bin ich ein Kind der Popkultur. Lange, bevor ich Kirchenlieder oder die Bach'schen Oratorien kennenlernte, liebte ich die Beatles und Dionne Warwick. Popmusik begleitet seit meiner Kindheit mein Leben. Und in vielen Popsongs habe ich religiöse Begriffe, Themen und Motive entdeckt.[238] Manche hatten sogar den Charakter von Gebeten. Natürlich hat jede Zeit ihre eigenen Lieder, die ihre jeweiligen Gefühle und Befindlichkeiten artikuliert. In den 1970er Jahren waren es zum Beispiel die von Les Crane vertonten »Desiderata«, die mich inspirierten, ein lyrisches Kleinod mit religiösem Inhalt.[239] Oder Barclay James Harvest mit ihrem grandiosen Werk »Hymn«.

Anfang der 1990er Jahre, als ich hoch motiviert meinen Pfarrdienst antrat, also lange, bevor es »*Whatsapp*« gab, gab es »*What's up?*« Das war ein Lied der US-amerikanischen Band »4 Non Blondes«, in dem ebenfalls gebetet wurde. Es führte wochenlang die Charts an, international und auch in Deutschland. Ich machte es mir zu eigen, denn auch ich machte damals die ersten Schritte in meiner Institution »Kirche«. Ich fand sie in ihrer Faktizität spießig, konservativ, kleinkariert und unbeweglich und betete daher jeden Tag darum, dass sie sich verändern möge – moderner, aufgeschlossener, vernünftiger, liebevoller, protestierender, in einem Wort: *protestantischer* – werden möge. Ich hoffte auf eine Revolution in meiner Kirche und betete darum:

---

238 »Mrs. Robinson« (Simon and Garfunkel), »My sweet Lord« (George Harrison), »Hallelujah« (Leonard Cohen), »El Shaddaj« (Amy Grant), »Kyrie« (Mr. Mister), »Living on a prayer« (Bon Jovi). Die Liste ist lang und offen. Besonders berührt hat mich auch stets: »Have I told you lately« (Van Morrison, Rod Stewart).
239 Vgl. dazu EBERHARD MARTIN PAUSCH: Desiderata – Fünf Impulse für Gotteskinder und solche, die es werden wollen, 112–115.

»I try all the time, in this institution
And I pray, oh my God do I pray!
I pray every single day
For a revolution ...« (4 Non Blondes)

Wenn ich heute zurückblicke und Bilanz ziehe, dann hat sich zwar manches in der Kirche verändert. Aber aus meiner Sicht nur Weniges zum Guten. Und *die* einschneidende Veränderung, also die innerkirchliche *Revolution*, auf die ich gehofft hatte, ist nicht eingetreten. Immer wieder überschreitet die Religion zu ihrem eigenen Schaden die Grenzen der bloßen Vernunft. Immer noch fehlt es an Empathie, Solidarität und Liebe – auch in den eigenen Reihen. Immer noch geht es viel zu oft um Strukturen statt um Inhalte. Und immer noch werden wir viel zu sehr von der Tradition und der Vergangenheit bestimmt, statt uns den Fragen der Zukunft zu öffnen und den Herausforderungen zu stellen, die uns in der Gegenwart wirklich bedrängen:

Da ist der von Menschen verursachte globale Klimawandel, da ist die weltweite Wiederkehr des Autoritarismus und die Erosion demokratischer Strukturen und Systeme, da ist der Militarismus, an dem die Rüstungsindustrie in allen Ländern reichlich zu verdienen versteht. Und die weltweiten Kriege, an denen Millionen sterben, während andere an ihnen Milliarden verdienen. Da ist eine neue Rechte, die sich in unserem Land (wie auch in anderen Ländern) immer mehr und immer dreister ausbreitet und auch unsere Kirchen aushöhlt und unterwandert. Da gibt es Nationalismus und Bellizismus, die in Gesellschaft und Kirche wiederkehren, als sei es das Selbstverständlichste auf der Welt.

Dass es noch weitere Probleme und Herausforderungen gibt, ist neben alledem unbestritten. Ich nenne hier nur exemplarisch: Rassismus, Klassismus und sexueller Missbrauch in Gesellschaft und Kirche. Ich bete (pray) immer noch jeden Tag für eine Veränderung, und ich versuche (try) nach wie vor, zu ihr beizutragen. Das ist mein tägliches »ora et labora«, zu dem noch mindestens das »Warten auf Gottes Tag« (Dietrich Bonhoeffer) hinzukommt, an guten Tagen aber auch der Raum für Spiel und Vergnügen (Jutta Koslowski).

Es gibt so viel zu tun in unserer Zeit, dass man – ob als Christ oder als Staatsbürger – daran fast verzweifeln könnte. »Betet ohne Unterlass!«, ein Rat des Apostels Paulus, den er in der ältesten Schrift des Neuen Testaments, dem 1. Brief an die Thessalonicher, aussprach[240], war damals aus einer apokalyptischen Naherwartung heraus begründet. Viele von uns leben heute in einer ähnlichen Endzeitstimmung. Nicht nur dann brauchen Menschen Gebete, aber vielleicht dann ganz besonders.

Vor einigen Jahren hat dann ein Song mich tief berührt, der von Melodie und Text her ebenso ein Gebet wie ein Liebeslied sein kann – und vielleicht gilt ja für jedes gute Gebet, dass es zwischen diesen beiden Polen oszilliert. Das Lied beginnt mit den Versen:
»When I am down and, oh my soul, so weary
When troubles come and my heart burdened be
Then, I am still and wait here in the silence
Until You come and sit awhile with me.
You raise me up, so I can stand on mountains
You raise me up, to walk on stormy seas
I am strong, when I am on your shoulders
You raise me up to more than I can be ...« (Rolf Løvland/ Josh Groban/«Westlife«)

Je nachdem, wem das »Du«, das im Lied angeredet wird, zugeschrieben wird, kann hier ein irdisches Liebeslied oder aber ein Gebet vorliegen. Ist also ein geliebter Mensch damit gemeint oder Gott unser Schöpfer, der uns in tiefster

---

240 1. Thessalonicher 5, 17.

Traurigkeit aufrichtet? Wer auch immer gemeint sein mag, es muss jemand sein, der uns nahe ist – eine nahe Nachbarin, ein naher Nachbar. Oder der ferne Nachbar Gott.

Wo Gott mir begegnet, da kann ich wachsen und mehr sein als der oder die oder das ich bin. Damit ist gewiss mehr und anderes gemeint als nur die bloße Resilienz, die ich in der Gegenwart ebenfalls benötige, um all die Schrecklichkeiten und Grausamkeiten dieser Welt auszuhalten. Ich werde auf eine neue Stufe gehoben, verheißt das Lied. Ich kann dann auf Bergen stehen und auf die weite Welt blicken, und ich kann über das stürmische Meer schreiten, als wäre ich der zweifelnde Petrus, den Jesus ermutigte, über den See zu ihm zu kommen. All dies ist möglich, wenn Gott selbst mich aufrichtet. Aus eigener Kraft kann ich doch nicht über mich hinauswachsen, da bleibe ich doch immer nur bei mir, macht- und hilflos einerseits, »verkrümmt in meiner Sünde« (*incurvatus in se/me*) andererseits.

In meiner Seele sind sie unterwegs und arbeiten ständig, die Mitochondrien des Glaubens, Gebete genannt. Ich rede den fernen Nachbarn Gott an, und er hört in mich hinein. Ich singe ihm mein Lied und klage ihm mein Leid, er hört mir zu. Ich danke Gott für das Gute, das ich erlebt habe und lobe ihn für seine Werke. Paradoxerweise tut es *mir* gut, wenn ich ihm danke und ihn lobe. Und dann bitte ich ihn um Erfüllung eines Herzenswunsches – und wieder hört er in mich hinein. In diesem Sinne erhört er mich – ob er meine Bitte erfüllt, ist offen.

Wo Leiden und Sünde die Menschen bedrängen, verfolgen, quälen, zu Tode bringen – da braucht es jedenfalls Taten und Gebete, da braucht es Handeln und Bittgebete. Diese Gebete adressieren sich an den fernen Nachbarn Gott, und sie weisen in Richtung Zukunft. Sie speisen uns mit Hoffnung und sie geben uns Kraft, auch selbst zur Gestaltung einer guten Zukunft beizutragen. Solange

ich lebe, werde ich auf den Gott vertrauen, der Revolutionen möglich macht – eine der größten Revolutionen der Menschheitsgeschichte geschah ja durch Jesus von Nazareth. Solange ich lebe, will ich mich immer wieder neu stärken und aufrichten lassen von dem Gott, an den der 23. Psalm ebenso gerichtet ist wie dieses Lied:
You raise me up, so I can stand on mountains
You raise me up, to walk on stormy seas
I am strong, when I am on your shoulders
You raise me up to more than I can be ...«

Solange ich lebe, will ich beten und mich meinen Gebeten anvertrauen. Wie treuen Freundinnen und Freunden, wie den Menschen, die ich liebe, wie den Worten guter Bücher (und die Bibel ist ein gutes Buch), wie dem Duft bunter Blumen, wie den Klängen wunderbarer Musik, wie den Farben bezaubernder Bilder.

Solange ich lebe, will ich glauben, lieben und hoffen. Und beten. Amen.

Literaturverzeichnis

Anselm von Canterbury: Proslogion/Anrede. Lateinisch/Deutsch, Stuttgart 2005.

Aurelius Augustinus: Confessiones – Bekenntnisse. Lateinisch/Deutsch. Übersetzt, herausgegeben und kommentiert von *Kurt Flasch/Burkhart Mojsisch*, Stuttgart 2018.

Berth, Felix: »Ohne Erinnerung«, Frankfurter Allgemeine Zeitung Nr. 64 vom 16.3.2023, 6.

Bienert, Wolfgang A.: Dogmengeschichte, Stuttgart/Berlin/Köln 1997.

Biser, Eugen: Jesus. Sein Lebensweg im neuen Licht [2008], Regensburg 2018.

Bonhoeffer, Dietrich: Widerstand und Ergebung, in: *Eberhard Bethge/Renate Bethge/Christian Gremmels* (Hg.) Bd. 8, Gütersloh 1998.

Brantschen, Nikolaus: Gottlos beten. Eine spirituelle Wegsuche, Ostfildern ^{5}2022.

Braungart, Christiane: Mitteilung durch Darstellung. Schleiermachers Verständnis der Heilsvermittlung, Marburg 1998.

Brück, Michael von: »Meditation/Kontemplation: I. Religionswissenschaftlich«, in: RGG Bd. 5 (^{4}2002), Sp. 964f.

Brümmer, Vincent: Was tun wir, wenn wir beten? Eine philosophische Untersuchung, in: Marburger Theologische Studien, Bd. 19, Marburg 1985.

Bultmann, Rudolf: Glauben und Verstehen. Erster Band [1933], Tübingen ^{8}1980.

Bultmann, Rudolf: Jesus [1926], UTB 1272, Tübingen 1988.

Bultmann, Rudolf: Der zweite Brief an die Korinther, hg. von Erich Dinkler, Göttingen 1976.

Burkholder, Leslie: »Die Pascal'sche Wette«, in: Michael Bruce/Steven Barbone (Hgg.): Die 100 wichtigsten philosophischen Argumente. Studienausgabe, Darmstadt ^{4}2015, 26–29.

Calvin, Johannes: Unterricht in der christlichen Religion, Institutio Christianae Religionis [1559], übers. von Otto Weber, Neukirchen ^{4}1986.

Dabrock, Peter/Höhne, Florian: »Noch lange nicht fertig. Über die Bedeutung künstlicher Intelligenz für die Religion«, in: Zeitzeichen 8 (2023), 8–11.

Dalferth, Ingolf Ulrich: Existenz Gottes und christlicher Glaube. Skizzen zu einer eschatologischen Ontologie, München 1984.

Dalferth, Ingolf Ulrich: Gott. Philosophisch-theologische Denkversuche, Tübingen 1992.

Dalferth, Ingolf Ulrich: Die Krise der öffentlichen Vernunft. Über Demokratie, Urteilskraft und Gott, Leipzig 2022.

Dalferth, Ingolf Ulrich: Religiöse Rede von Gott, München 1981.

Dalferth, Ingolf Ulrich: Wirkendes Wort. Bibel, Schrift und Evangelium im Leben der Kirche und im Denken der Theologie, Leipzig 2018.

Dawkins, Richard: Der Gotteswahn, Berlin ⁶2007.

Dierken, Jörg: »Vernunft, Religion und der Gottesgedanke bei Kant«, in: *Jörg Lauster/Bernd Oberdorfer (Hg.): Der Gott der Vernunft:* Protestantismus und vernünftiger Gottesglaube, Tübingen 2009, 171-188.

Dittmer, Johannes Michael: Schleiermachers Wissenschaftslehre als Entwurf einer prozessualen Metaphysik in semiotischer Perspektive: Triadizität im Werden, Berlin/New York 2001.

Ebeling, Gerhard: Dogmatik des christlichen Glaubens, Bd. I, 3. Aufl. Tübingen 1987.

Eco, Umberto: Der Name der Rose. (Burkhart Kroeber, Übersetz.), München 1986.

Engels, Friedrich: in: MEW Bd. 21, 276, zitiert nach: Einführung in den dialektischen und historischen Materialismus, Berlin ¹³1982, 45.

Evangelische Kirche in Deutschland (Hg.): Evangelische Kirche und freiheitliche Demokratie. Der Staat des Grundgesetzes als Angebot und Aufgabe. Eine Denkschrift der Evangelischen Kirche in Deutschland, Gütersloh ⁴1990.

Evangelische Kirche in Deutschland (Hg.): Der Gottesdienst. Eine Orientierungshilfe zu Verständnis und Praxis des Gottesdienstes in der evangelischen Kirche, Gütersloh 2009.

Evangelischer Erwachsenenkatechismus: suchen – glauben – leben, im Auftrag der *Kirchenleitung der VELKD*, hg. von *Andreas Brummer, Manfred Kießig* und *Martin Rothgangel*, Gütersloh ⁸2010.

Falcke, Heino/Römer, Jörg: Licht im Dunkeln. Schwarze Löcher, das Universum und wir. Stuttgart 2020.

Fishback Powers, Margaret: Spuren im Sand, Gießen 1996.

Frick, Marie-Luisa: Mutig denken. Aufklärung als offener Prozess, Stuttgart 2020.

Fritzsche, Hans-Georg: Lehrbuch der Dogmatik, Teil II: Lehre von Gott und der Schöpfung, Berlin ²1984.

Gabriel, Markus: Moralischer Fortschritt in dunklen Zeiten. Universale Werte für das 21. Jahrhundert, Berlin 2021.

GABRIEL, MARKUS/CHRISTOPH HORN/ANNA KATSMAN/WILHELM KRULL/ ANNA LUISA LIPPOLD/CORINE PELLUCHON/INGO VENZKE: Towards a New Enlightenment. The Case for Future-Oriented Humanities, The New Institute Interventions Volume 1, Bielefeld 2022.

GEIER, MANFRED: Kants Welt. Eine Biographie, Reinbek bei Hamburg ⁵2004.

GROSSHANS, HANS-PETER: »Perspektivität des Erkennens und Verstehens als Grundproblem theologischer Rationalität«, in: Theologische Literaturzeitung, Jg. 128 (4), Leipzig 2003, 351–368.

HABERMAS, JÜRGEN: Auch eine Geschichte der Philosophie, Bd. 2: Vernünftige Freiheit. Spuren des Diskurses über Glauben und Wissen, Frankfurt am Main 2019.

HABERMAS, JÜRGEN: Glauben und Wissen. Friedenspreis des Deutschen Buchhandels 2001, Frankfurt am Main 2001.

HABERMAS, JÜRGEN: Ein neuer Strukturwandel der Öffentlichkeit und die deliberative Politik, Berlin 2022.

HABERMAS, JÜRGEN: Strukturwandel der Öffentlichkeit. Untersuchungen zu einer Kategorie der bürgerlichen Gesellschaft [1962], Darmstadt/Neuwied ¹³1982.

HABERMAS, JÜRGEN: Zwischen Naturalismus und Religion. Philosophische Aufsätze, Frankfurt am Main 2005.

HÄRLE, WILFRIED: »Den Mantel weit ausbreiten. Theologische Überlegungen zum Gebet«, in: Neue Zeitschrift für Systematische Theologie und Religionsphilosophie, Bd. 33, Jg. 1991 (3), 231–247.

HÄRLE, WILFRIED: Dogmatik, Berlin/Boston ⁵2018.

HÄRLE, WILFRIED: Systematische Philosophie. Eine Einführung für Theologiestudenten, München/Mainz 1982.

HÄRLE, WILFRIED: Vertrauenssache. Vom Sinn des Glaubens an Gott, Leipzig 2022.

HÄRLE, WILFRIED: »... und hätten ihn gern gefunden«. Gott auf der Spur, Leipzig 2017.

HAWKING, STEPHEN: Kurze Antworten auf große Fragen, Stuttgart 2018.

HEILER, FRIEDRICH: Das Gebet. Eine religionsgeschichtliche und religionspsychologische Untersuchung [1918], München ⁴1921.

HENRICH, DIETER: Furcht ist nicht in der Liebe. Philosophische Betrachtungen zu einem Satz des Evangelisten Johannes, Frankfurt am Main 2022.

HERMS, EILERT: Kirche für die Welt. Lage und Aufgabe der evangelischen Kirchen im vereinigten Deutschland, Tübingen 1995.

HERMS, EILERT: »Was geschieht, wenn Christen beten?«, in: ders.: Offenbarung und Glaube. Zur Bildung des christlichen Lebens, Tübingen 1992, 517–531.

HERRMANN, ANDREAS: »Das Spiel mit Gott. Ein Plädoyer für das interreligiöse Gebet«, in: Phänomene und Diskurse des Interreligiösen. Beiträge aus christlicher Perspektive, hg. von *Johannes Eurich, Fritz Lienhard, Manfred Oeming, Philipp Stoellger und Hendrik Stoppel*, Tübingen 2021, 237–254.

HÖFFE, OTFRIED: Immanuel Kant, München ²1988.

HOSSENFELDER, SABINE: Mehr als nur Atome. Was die Physik über die Welt und das Leben verrät, München 2023.

HUBER, WOLFGANG: Dietrich Bonhoeffer. Auf dem Weg zur Freiheit. Ein Porträt, München 2019.

JASPERT, BERND: Per Ducatum Evangelii. Mit dem hl. Benedikt ins dritte Jahrtausend, St. Ottilien 2000.

JUNG, VOLKER: Digital Mensch bleiben, München 2018.

JÜNGEL, EBERHARD: Gott als Geheimnis der Welt, Tübingen ⁵1986.

JÜNGEL, EBERHARD: »Was heißt beten?«, in: ders.: Wertlose Wahrheit. Zur Identität und Relevanz des christlichen Glaubens, Theologische Erörterungen III, München 1990, 397–405.

KANT, IMMANUEL: Kritik der reinen Vernunft [1787], nach der ersten und zweiten Original-Ausgabe hg. von Raymund Schmidt, Hamburg ³1990.

KANT, IMMANUEL: Die Religion innerhalb der Grenzen der bloßen Vernunft [1793], hg. von *Bettina Stangneth*, Hamburg ²2017.

KATHOLISCHE JUNGE GEMEINDE (Hg.): Beten durch die Schallmauer. Impulse und Texte. Düsseldorf ⁸1994.

KEIL, GÜNTHER: Glaubenslehre. Grundzüge christlicher Dogmatik, Stuttgart/Berlin/Köln/Mainz 1986.

KIRCHENAMT DER EVANGELISCHEN KIRCHE IN DEUTSCHLAND (Hg.): Klarheit und gute Nachbarschaft. Christen und Muslime in Deutschland. Eine Handreichung des Rates der EKD, Hannover 2006.

DER KORAN. Aus dem Arabischen übersetzt von *Max Henning*, Einleitung und Anmerkungen von *Annemarie Schimmel*, durchgesehene und verbesserte Ausgabe, Stuttgart 1991/1996.

KOSLOWSKI, JUTTA: Gemeinsames Leben? Klösterliche Tradition von Benedikt bis Bonhoeffer und eine Vision für die Zukunft, Paderborn 2020.

LOHSE, EDUARD: Paulus. Eine Biographie, München 1996.

LUHMANN, NIKLAS: Funktion der Religion [1977], Frankfurt am Main 1982.

LUHMANN, NIKLAS: Die Gesellschaft der Gesellschaft, Zwei Bände, Frankfurt am Main 1997.

LUHMANN, NIKLAS: Die Religion der Gesellschaft, hg. von André Kieserling, Frankfurt am Main 2000.

Lusseyran, Jacques: Das wiedergefundene Licht. Die Lebensgeschichte eines Blinden im französischen Widerstand, München ¹⁰1999.

Luther, Martin: Ausgewählte Schriften, hg. von *Karin Bornkamm/ Gerhard Ebeling*, Bd. I, Frankfurt am Main 1982.

Luther, Martin: Dass der freie Wille nichts sei [De servo arbitrio, 1525], hg. von *Hans Heinrich Borcherdt/Georg Merz*, München ³1986. Anmerkung des Autors: Ansonsten wird *Martin Luther nach der Weimarer Ausgabe (WA)* im üblichen Verfahren mit Seiten- und Zeilenangaben zitiert.

Melanchthon, Philipp: Loci communes [1521], Lateinisch-Deutsch, übersetzt von *Horst Georg Pöhlmann*, Gütersloh ²1997.

Möhring, Jakob: Der kleine Wunschprinz, Münster 1993.

Moltmann, Jürgen: Erfahrungen theologischen Denkens. Wege und Formen christlicher Theologie, Gütersloh 1999.

Nida-Rümelin, Julian/Nathalie Weidenfeld: Digitaler Humanismus. Eine Ethik für das Zeitalter der Künstlichen Intelligenz, München ²2020.

Pascal, Blaise: Über die Religion und über einige andere Gegenstände (Pensées), übertragen und herausgegeben von Ewald Wasmuth, Heidelberg 1963.

Pausch, Eberhard Martin: Ceterum censeo. Denkanstöße für Theologie und Kirche, Berlin/Münster 2018.

Pausch, Eberhard Martin: »Desiderata – Fünf Impulse für Gotteskinder und solche, die es werden wollen«, in: Hessisches Pfarrblatt 4 (2020), 112-115.

Pausch, Eberhard Martin: »Every Day for Enlightenment: Die Hauptaufgabe für Kirche und Gesellschaft«, in: Deutsches Pfarrer- und Pfarrerinnenblatt 12 (2021), 753-756.

Pausch, Eberhard Martin: »Gewissensfreiheit als Utopie. Vor 500 Jahren erschien das Buch ›Utopia‹ von Thomas Morus – eine Erinnerung«, in: Zeitzeichen 8 (2016), 45-47.

Pausch, Eberhard Martin: »Im Säuglingsheim« (Leserbrief), Frankfurter Allgemeine Zeitung Nr. 68 vom 21.3.2023, 18.

Pausch, Eberhard Martin: Jesus, Hauptdarsteller Gottes? Inszenierung als Schlüssel für einen vernunftgemäßen Glauben, Berlin 2019.

Pausch, Eberhard Martin: »Jutta Koslowski: Gemeinsames Leben? Klösterliche Tradition von Benedikt bis Bonhoeffer und eine Vision für die Zukunft«, in: Deutsches Pfarrerinnen- und Pfarrerblatt 4 (2022), 255.

Pausch, Eberhard Martin: Offen, links und frei. Bausteine für einen Protestantismus der Zukunft, Berlin/Münster 2022.

Pausch, Eberhard Martin: Raubtierzeiten. Auf der Suche nach dem gerechten Frieden, Frankfurt am Main 2023.

Pausch, Eberhard Martin: »Der Vordenker: Jürgen Habermas' große Schrift von 1962 und der Protestantismus«, in: Zeitzeichen 2 (2022), 24f.

Pausch, Eberhard Martin: »Wahrheit der Kirche – Kirche der Wahrheit: Theologische Anmerkungen zu einigen aletheiologischen Aspekten der Ekklesiologie«, in: Leben und Kirche. Festschrift für Wilfried Härle zum 60. Geburtstag, hg. von Uta Andrée, Frank Miege, Christoph Schwöbel, Marburg 2001, 187–206.

Pausch, Eberhard Martin: Wahrheit zwischen Erschlossenheit und Verantwortung: Die Rezeption und Transformation der Wahrheitskonzeption Martin Heideggers in der Theologie Rudolf Bultmanns (TBT 64), Berlin/New York 1995.

Pausch, Eberhard Martin: »Wahrheitsnähe, Wahrheitsferne – Überlegungen zum Verhältnis von Religionen und Wahrheit«, in: Neue Zeitschrift für Systematische Theologie und Religionsphilosophie 63 (2/2021), 145–162.

Pausch, Eberhard Martin: »Zwischen Fundamentalismus und Atheismus. Argumente für einen kritischen Glauben«, in: *Raphael Zager/Werner Zager* (Hg.): Christsein im Alltag. Impulse des liberalen Christentums, Leipzig 2023, 87–115.

Pelluchon, Corine: Das Zeitalter des Lebendigen. Eine neue Philosophie der Aufklärung, Darmstadt 2021.

Pfüller, Wolfgang: »Gebet oder Meditation? Thesen und Erwägungen im interreligiösen Zusammenhang«, in: *Raphael Zager/Werner Zager* (Hg.): Christsein im Alltag. Impulse des liberalen Christentums, Leipzig 2023, 133–158.

Pinker, Steven: Aufklärung jetzt – Für Vernunft, Wissenschaft, Humanismus und Fortschritt, Frankfurt am Main 2018.

Putnam, Hillary: Vernunft, Wahrheit und Geschichte, Frankfurt am Main 1990.

Ratzinger, Joseph: Salz der Erde. Christentum und katholische Kirche im neuen Jahrtausend. Ein Gespräch mit Peter Seewald, München ⁵2005.

Rilke, Rainer Maria: Ausgewählte Gedichte, Frankfurt am Main 1980.

Ritschl, Dietrich: Zur Logik der Theologie. Kurze Darstellung der Zusammenhänge theologischer Grundgedanken, München ²1988.

Rolf, Sibylle: »Wie können wir heute beten?« in: *Werner Zager* (Hg.): Liberale Frömmigkeit? Spiritualität in der säkularen und multireligiösen Gesellschaft, Leipzig 2015, 187–201.

Rosa, Hartmut: Demokratie braucht Religion. Über ein eigentümliches Resonanzverhältnis, München ⁵2022.

Sass, Hartmut von: Atheistisch glauben. Ein theologischer Essay, Berlin 2022.

Schäfer, Rolf: Der Evangelische Glaube, Tübingen 1973.

Schleiermacher, Friedrich Daniel Ernst: Der christliche Glaube 1821/22, hg. von *Hermann Peiter*, Bd. 2, Berlin/New York 1984.

Schleiermacher, Friedrich Daniel Ernst: »Die Kraft des Gebetes, in so fern es auf äußere Begebenheiten gerichtet ist« [1801], in: Hayo Gerdes/Emanuel Hirsch (Hg.): Kleine Schriften und Predigten, Bd. 1, Berlin 1970.

Schleiermacher, Friedrich Daniel Ernst: Pädagogische Schriften I. Die Vorlesungen aus dem Jahre 1826 unter Mitwirkung von *Theodor Schulze*, hg. von *Erich Weniger*, Frankfurt am Main/Berlin/Wien 1983.

Schleiff, Thomas: »Physiker, Pensées', Patient«, in: Deutsches Pfarrerinnen- und Pfarrerblatt 6 (2023), 362–365.

Shakespeare, William: Hamlet. Zweisprachige Ausgabe. Deutsch von Frank Günther, München ¹³2017.

Steffensky, Fulbert: Das Haus, das die Träume verwaltet, Würzburg 1998.

Stegmüller, Wolfgang: Hauptströmungen der Gegenwartsphilosophie. Eine kritische Einführung, Bd. 4, Stuttgart 1989.

Stump, Eleonore: »Petitionary Prayer«, in: American Philosophical Quarterly 16/1979, 81–91 (https://philosophy.osu.edu/sites/philosophy.osu.edu/files/Peititionary%20Prayer%20Eleanore%20Stump.pdf, abgerufen am 30.6.2023).

Tertullian: Apologeticum – Verteidigung des Christentums. Lateinisch und Deutsch, hg. von Carl Becker, 4. Aufl. Darmstadt 1992.

Tetens, Holm: Gott denken. Ein Versuch über rationale Theologie, Stuttgart ²2015.

Tetens, Holm: Kants ›Kritik der reinen Vernunft‹. Ein systematischer Kommentar, Stuttgart 2006.

Thomas von Aquino: Summe der Theologie, Bd. 3: Der Mensch und das Heil, zusammengefasst, eingeleitet und erläutert von *Joseph Bernhart*, Stuttgart ³1985.

Tietz, Christiane: »Was heißt: Gott erhört Gebet?« in: Zeitschrift für Theologie und Kirche, Bd. 106, Tübingen 2009, 327–344.

Tillich, Paul: Systematische Theologie, Bd. 1: Offenbarung und Vernunft, Das Sein und Gott. Darmstadt ⁸1984.

Tillich, Paul: Systematische Theologie, Bd. 3: Das Leben und der Geist. Die Geschichte und das Reich Gottes, Stuttgart ³1981.

Triebler, Wolfgang: Willensbildung des Glaubens. Meditationen zum Thema, Berlin/Münster 2022.

Volp, Rainer: Liturgik. Die Kunst, Gott zu feiern, Band 2: Theorien und Gestaltung, Gütersloh 1994.

Walt Disney's Lustige Taschenbücher Bd. 532: Der Wünsch-O-Mat, Berlin 2020.

Zager, Raphael/Zager, Werner (Hg.): Christsein im Alltag. Impulse des liberalen Christentums, Leipzig 2023.

Zager, Werner (Hg.): Liberale Frömmigkeit? Spiritualität in der säkularen und multireligiösen Gesellschaft, Leipzig 2015.